ÉDOUARD HARLÉ

LIVRE DE FAMILLE

RECUEIL DE DOCUMENTS SUR MA FAMILLE

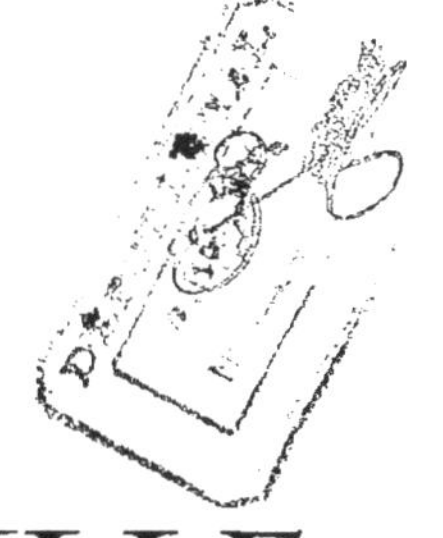

TROISIÈME PARTIE

FAMILLE DE MA FEMME

BORDEAUX

IMPRIMERIE WETTERWALD FRÈRES

110, Cours Saint-Louis, 110

1914

Édouard HARLÉ

LIVRE DE FAMILLE

RECUEIL DE DOCUMENTS

SUR MA FAMILLE

ÉDOUARD HARLÉ

LIVRE DE FAMILLE

RECUEIL DE DOCUMENTS
SUR MA FAMILLE

TROISIÈME PARTIE

FAMILLE DE MA FEMME

BORDEAUX

IMPRIMERIE WETTERWALD FRÈRES

110, Cours Saint-Louis, 110

1914

PRÉFACE

L'on m'a enseigné l'histoire des Mérovingiens, voire celle des Égyptiens et des Assyriens. Mais personne ne m'a fait connaître l'histoire de ma famille. L'on m'a seulement raconté quelques incidents détachés, sans liaison. Certes, j'ai apprécié les faits et gestes des peuples antiques ou éloignés, mais ceux de mes proches m'intéresseraient bien davantage. J'ai donc profité de mes loisirs pour rechercher des renseignements sur mes ascendants et aussi sur des collatéraux et alliés.

J'ai eu des notes que d'autres avaient déjà rédigées, des actes, des pièces d'anciens dossiers, des détails dispersés dans des registres et dans des livres, des lettres, quelques souvenirs. De tous ces renseignements, j'ai fait ce *Livre de Famille*.

J'ai cherché partout. « *I have left no stone unturned* » : pas de pierre que je n'aie retournée, pour peu qu'il y eût chance de trouver quelque chose dessous. Je me suis arrêté seulement lorsque mes recherches, faites avec grands efforts, ne m'ont rien donné.

Si j'avais rédigé ce *Livre* pour le public, je n'y aurais compris qu'un choix de renseignements, de manière que sa lecture soit facile et attrayante. Mais le destinant à la famille, il m'a semblé que je devais tout y comprendre, car la famille peut être intéressée par le moindre détail sur les siens. Je prie donc de m'excuser si ce *LIVRE* est un peu chargé.

Mon travail m'a appris, non seulement l'histoire de ma famille, mais aussi beaucoup celle de la France du XVIIIe siècle, de la Révolution et du premier Empire. Les ouvrages d'histoire que j'ai lus ne s'occupent guère que de l'État. Mon *LIVRE* raconte la vie de particuliers.

En faisant ce *LIVRE*, j'ai pensé à mes enfants : Pierre, André, Jacques. J'espère qu'il contribuera à maintenir et à augmenter la cohésion de la famille.

J'ai divisé ce *LIVRE* en trois parties :

    1° *Famille de mon Père ;*

    2° *Famille de ma Mère ;*

    3° *Famille de ma Femme ;*

ÉDOUARD HARLÉ.

Bordeaux, le 13 Mai 1914.

LA

FAMILLE DE MARIE BRIZARD

ET LA MAISON

MARIE BRIZARD & ROGER

INTRODUCTION

Il est de tradition que la célèbre Maison bordelaise de Liqueurs « MARIE BRIZARD & ROGER » a été fondée à Bordeaux, vers 1755, par Mlle Marie Brizard, sœur de Martial Brizard, s'associant avec Jean-Baptiste Roger qui a épousé, à la même époque, Anne Brizard, fille de Martial.

Jean-Baptiste Roger et Anne Brizard sont des ascendants de ma femme et la fortune et la position actuelles de la famille de ma femme sont le résultat de la fortune et de la position acquises par Marie Brizard et Roger. J'ai cru intéressant de reconstituer, au moyen de documents certains, l'histoire de la famille de Marie Brizard et celle de la Maison Marie Brizard & Roger, en rattachant à cet axe quelques renseignements sur les autres parents de ma femme. J'ai trouvé beaucoup plus que je n'espérais, grâce surtout aux conseils de M. Rousselot, sous-archiviste aux Archives municipales de Bordeaux. Voici la liste des principales sources auxquelles j'ai puisé et les abréviations par lesquelles je les désignerai :

Archives municipales de Bordeaux, à la Mairie....... (A M)
Archives départementales de la Gironde, rue d'Aviau. (A D)

Les Archives municipales et départementales sont fort riches. L'incendie de la Mairie, en 1862, qui a détruit beaucoup de documents a épargné les registres de l'état civil.

Documents appartenant à la M^{on} Marie Brizard & Roger   (M B R)
Documents appartenant à M. François Daleau, de
    Bourg-sur-Gironde............................... (F D)

Beaucoup des documents sur la famille de Marie Brizard sont des actes de l'état civil, c'est-à-dire des actes de baptême, de mariage et d'inhumation. Ils font partie des Archives municipales.

Avant la Révolution, on mariait et l'on enterrait, à Bordeaux, dans toutes les paroisses, au nombre de dix-sept, mais l'on ne baptisait que dans trois : Saint-André, Sainte-Croix et Saint-Seurin, auxquelles, pour être complet, il faut ajouter Saint-Nicolas où se faisaient quelques baptêmes (¹). Les diverses paroisses étaient réparties entre ces « Baptistères ». Ainsi, la paroisse Saint-Rémi avait pour baptistère, Saint-André; la plus grande partie de la paroisse Saint-Michel avait pour baptistère Sainte-Croix et, le reste, Saint-André. Dans chaque paroisse, qu'elle fût ou non baptistère, on inscrivait, généralement dans un même registre, au fur et à mesure, tous les actes, de sorte que les registres des églises baptistères contiennent, le plus souvent mélangés, des actes de baptêmes, mariages et inhumations et, les registres des simples paroisses, des actes de mariages et inhumations. Dans ces dernières années, on a, avec beaucoup de patience, constitué des « Répertoires ». Ce sont les listes des actes de l'état civil avec nom, prénom, date et numéro d'ordre de chacun, listes faites par paroisse et, dans chaque paroisse, par nature d'acte, et

---

(¹) Ce droit exclusif fut gardé par les trois églises jusqu'à la Révolution. Son origine est mal connue, malgré les débats provoqués par les nombreuses tentatives, toujours réprimées, des autres paroisses.

où tous les noms commençant par la même lettre sont groupés en un même chapitre et y sont inscrits par ordre de date. Pour trouver, par exemple, l'acte de mariage de Jean-Baptiste Roger avec Anne Brizard, j'ai pris le répertoire des mariages de Saint-Rémi et celui de Saint-Pierre, c'est-à-dire les répertoires des paroisses du quartier de la Bourse où ils demeuraient, d'après la tradition, et j'y ai suivi, à partir de 1750, tous les noms du chapitre R. J'ai ainsi trouvé bientôt, dans le répertoire de Saint-Pierre :

« 1038 - Roger Baptiste - Brizard Anne - 13 juillet 1766 »

indication que j'ai pu compléter en me reportant au registre lui-même où cet acte est inscrit le 1038e. En opérant ainsi, je suis certain de trouver, sauf s'il y a une lacune, c'est-à-dire si un registre a été perdu, et sauf s'il y a une erreur : ainsi, le décès de Pierre Brizard, 1743, a été répertorié aux naissances; la naissance de Marguerite Brizard, 1719, a été répertoriée sous le nom de Brisefort.

Ces registres remontent jusqu'au milieu ou au début du xviie siècle, sauf celui des baptêmes de Sainte-Croix qui commence à 1540, c'est-à-dire à l'ordonnance de François Ier, de 1539, sur la tenue des actes de l'état civil.

Les Archives départementales possèdent plusieurs des registres qui manquent aux Archives municipales et entre autres d'anciens registres de Saint-André. Mais ils ne sont pas répertoriés, ce qui rend les recherches pratiquement impossibles.

Le Greffe du Tribunal civil possède un double de tous

les registres, sauf lacune, mais sans répertoire. Il a
même des registres que ne possèdent pas les Archives
municipales. Ainsi, un registre de Saint-André commençant à 1561 ; un de Saint-Seurin commençant
à 1564 ; etc.

I

Père et mère, frères et sœurs de Marie Brizard

Marie Brizard est née le 28 juin 1714. Elle a été baptisée sept jours après. Voici copie de son acte de baptême, tel qu'il figure dans le registre de Sainte-Croix :

> « Le 5ᵐᵒ Juillet aeste baptisée marie fille légitime de pierre brizart charpentier et de janne laborde de la parroisse Ste Crois née le 28ᵐᵉ juin de l'année courante parrain martin demons oberbiste marraine marie hostein en présence de jeàn brousse et martial bonnet ».

Le père a signé BRIZART et non BRIZARD. Ces questions d'orthographe n'ont, à cette époque, aucune importance. Il figure dans les actes comme « charpentier », « charpentier de barriques », « tonnelier » et même, une fois (décès de son fils Pierre), comme « aubergiste ».

Les registres font connaître que Pierre Brizard et Jeanne Laborde se sont mariés, à Sainte-Croix, le 24 avril 1708 et ont eu au moins quinze enfants, qui ont tous été baptisés à Sainte-Croix :

1º JEANNE, née le 2 novembre 1711 et dont je n'ai trouvé aucune autre trace ;

2º JEANNE, née le 31 mars 1713 et morte le 18 août suivant (Sainte-Croix) ;

3º MARIE, la fondatrice de la Maison MARIE BRIZARD & ROGER, née le 28 juin 1714 ;

4º JEAN, né le 26 août 1715. Plus trace ;

5º MARIE, née le 14 février 1717, morte le lendemain (Sainte-Croix) ;

6º MARIE, née le 6 mars 1718, mariée le 28 novembre 1741 (Sainte-Croix) à Jean Teyssier, raffineur, lequel est mort le 30 novembre 1769 (Saint-Michel). Ils ont eu cinq enfants : Jean aîné, autre Jean, Marie, Elisabeth (mariée, en 1771, à Jean Lucquet) et Marguerite (mariée, en 1786, à Peverque, forgeron) (F D, 206 et 208, et M B R);

7° MARGUERITE, née le 16 mars 1719, mariée le 16 février 1746 (Sainte-Croix) à Jean Biguey, tonnelier, qui, pas plus qu'elle, ne sait signer, morte le 16 vendémiaire an IV (8 octobre 1795) à Bordeaux. Ils ont eu trois enfants: deux Martial, dont l'un a peu vécu, et un Charles (F D, 206 et 208, et A M);

8° MARTIAL « l'aîné », né le 31 mai 1720. C'est le père d'Anne Brizard et il en sera souvent question;

9° ARNOUL (Arnaud), né le 1er juillet 1721. Pas d'autre trace;

10° PIERRE, né le 3 septembre 1722, mort le 17 octobre 1726 (Sainte-Croix);

11° NICOLAS, né le 27 septembre 1723. Il figure, comme vivant, dans un exploit de 1744 (A D, Arrêt Parlement 3 juillet 1755), mais non pas dans un Arrêt du Parlement de 1752 où il aurait dû être nommé s'il avait encore vécu (A D, 5 juillet 1752);

12° MARTIAL, né le 16 juillet 1725, mort le 7 septembre 1728 (Sainte-Croix);

13° MARTIAL « jeune » ou « cadet », né le 20 avril 1727, voilier, décédé à Saint-Pierre, la Martinique, en octobre 1762 (F D, 207, et M B R);

14° FRANÇOIS, né le 15 mars 1729, mort le 23 du même mois (Sainte-Croix);

Et enfin ! 15° JEANNE, née le 10 septembre 1730 et dont il n'y a plus autre trace.

L'on voit que, parmi ces quinze enfants, trois ont pour prénom unique JEANNE; trois, MARIE; et trois, MARTIAL. De là une difficulté particulière pour les identifier lorsqu'ils apparaissent dans les faits subséquents. Nous savons que l'une des MARIE est morte presque en naissant, et quant aux deux autres MARIE, leurs actes de décès sont beaucoup moins anciens, par suite ils sont fort bien faits et permettent d'identifier sans aucun doute :

4 ventose an VII (22 février 1799). Bordeaux sud.

« Est morte hier soir à dix heures, Marie Brizard,

quatre vingts ans, native de Bordeaux, veuve de Jean Teycier, rafineur, place Canteloup N° 2..... »

16 pluviose an IX (5 février 1801). Bordeaux. « Du seize pluviose an neuf de la République française acte de décès de Marie Brizard, décédée ce jour à une heure de relevée, quatre vingt six ans et sept mois, célibataire, née à Bordeaux, rue du Pont de la Mousque 14 bis, fille de feus Pierre Brizard et d'Anne Laborde, sur la déclaration faite par les citoyens Pierre Sauvestre menuisier rue Plus de Rois 14, et Jean Vallat menuisier fossés des tanneurs 6 ».

La rue « Plus de Rois », où demeurait l'un des témoins, s'appelle maintenant rue d'Arès. Elle croise la rue « Libre ou Mourir », maintenant rue de Fleurus, et la rue « Haine aux Tyrans », maintenant rue du Château-d'Eau. Ces noms révolutionnaires n'avaient pas encore été changés en 1804 (A M, Plan de Bordeaux, an XIII).

Jeanne Laborde, la vaillante mère, est morte le 8 juin 1739 (Sainte-Croix) et son mari, Pierre Brizard, le 9 janvier 1743 (Sainte-Croix). Tous deux ont été inhumés dans l'*église*, comme il convient à gens qui se respectent. Mais ils ont fait enterrer dans le *cimetière* de l'église les cinq enfants qu'ils ont perdus avant de mourir eux-mêmes : c'était sans doute moins coûteux.

II

Origine de Pierre Brizard

L'origine de Pierre Brizard est donnée par les actes suivants :

Son acte de mariage (Sainte-Croix) du 24 avril 1708 :

« Le 24 avril ont esté espoux les fiancailles faites.... pierre brizard charpentier de barriques majeur son père et sa mère estant decedes suivant l'extrait mortuaire qui ma este remis delivre par M teyssier curé darbis...... résident dans ma parroisse depuis sinq ans dans la maison de M drouillard en paludate et Jeanne Laborde ma parroissienne de tout tems... »

Son acte de fiançailles (Sainte-Croix) du 4 du même mois :

« ... J'ay receu la mutuelle promesse de futur mariage de pierre brizard charpentier de barriques natif de la parroisse darbis en benauge et mon parroissien depuis quatre ans et Jeanne Laborde ma parroissienne... »

Arbis est un village situé entre Cadillac et La Sauve (Gironde). Sa population est actuellement de 328 habitants.

L'acte d'inhumation de Pierre Brizard, en date du 10 janvier 1743 (Sainte-Croix), porte qu'il était « âgé d'environ 63 ans ». Pierre Brizard est donc né en 1680 ou environ. Ceci m'a permis de trouver, à la mairie d'Arbis, son acte de baptême :

« Le quatorziesme davril mille six cents septante neuf a esté baptisé dans Laglise darbis pierre brisard fils naturel Et Legitime de Jean brisard Et de Jeanne dufour ses pere Et mere habitans de cette parroisse, son parrain pierre bouyrie habitant de Solignac, sa marrine Isabeau lafon habitante de cette parroisse, tesmoings au baptesme guillein bouyrie, Et francois ribaut,..... nasquit Le dit iour, mois Et an que desus. »

La formule *enfant naturel et légitime* est d'un emploi constant avant la Révolution, du moins dans la région de Bordeaux. Mon ami M. Roschach, le savant archiviste de la ville de Toulouse, m'a écrit à ce sujet : « Elle signifie simplement que l'enfant est né à la fois selon les lois de la nature et selon les conventions légales établies par la Société pour le mariage. Ce que nous appelons aujourd'hui *enfant naturel*, l'ancienne langue l'appelait *bâtard*. Aussi, l'équivoque n'était pas possible. L'adoption existant en droit romain, et nos vieux juristes étant tous des romanistes, c'est par opposition au fils *adoptif* que le terme d'enfant *naturel* s'introduisit dans le droit français pour distinguer la paternité effective de toute fiction familiale assimilant avec plus ou moins de rigueur un étranger à un vrai fils ». (¹)

Mes persévérantes recherches à Arbis et aux environs ne m'ont pas donné d'autre acte où il soit question, certainement, de cette famille. En voici le détail :

La commune d'Arbis possède ses registres de l'état civil à partir de 1678. Mais de 1678 à 1690, les registres ne contiennent que les baptêmes. J'ai suivi tous les actes de 1678 à la fin de 1708, année où Pierre Brizard s'est marié « son pere et sa mere estant decedes suivant l'extrait mortuaire... delivre par M teyssier curé darbis ». Je les ai même tous complètement lus jusqu'à 1690. Mais, sauf dans l'acte de baptême ci-dessus, je n'ai pas vu le nom de Brisard ou un nom analogue. J'ai trouvé au contraire souvent le nom de Dufour. Ainsi, par exemple : le 20 août 1681, baptême d'un fils d'Helies Carrau et de Jeanne Dufour ou Dufourc (probablement pas la même que l'épouse de Jean Brisard, qui serait mort, car elle se serait bien vite remariée); le parrain est de Ladaux. Le 9 Juin 1686, une Jeanne Dufour, d'Omet, est marraine (peut-être la femme de Jean Brisard ou d'Helies Carrau, qui a été habiter Omet?); le parrain est de Ladaux. Le 4 avril 1696, baptême de Jeanne Dufour, fille d'Estienne Dufour. Le 4 octobre 1696, inhumation de Jeanne Dufour (est-ce l'épouse de Jean Brisard, ou d'Helies Carrau, ou plutôt la petite fillette née depuis six mois? L'acte ne fait connaître ni les parents, ni l'âge). Dans plusieurs actes, on voit que des Dufour et des amis de Dufour sont de

---

(¹) Je ne trouve guère l'expression *enfant naturel* dans les actes du Nord, dont beaucoup figurent aux 1ʳᵉ et 2ᵐᵉ parties de ce « Livre ». Les gens du Nord n'étaient pas des romanistes.

Ladaux. Le 27 novembre 1678 « bertrand dufour de la parroisse de Solignac » est parrain d'un fils de « guillaume ribaut »; la marraine est « marthe bouyrie ». Ces noms sont intéressants à rapprocher de ceux qui figurent dans l'acte de baptême de Pierre Brizard, dont la date est presque la même. On se trouve amené à supposer que Jeanne Dufour, la mère, est peut-être de Soulignac et que, par conséquent, les anciens registres de cette paroisse pourraient peut-être contenir des indications sur Jean Brisard, son mari, par exemple leur acte de mariage. Il serait intéressant aussi de faire des recherches dans les registres de Ladaux, village qui est d'ailleurs tout près de Soulignac, comme Arbis. Et même dans ceux d'Omet. Or, les registres encore existants de ces trois paroisses commencent bien avant : Soulignac, en 1626; Ladaux, en 1623; Omet, en 1608 (Inventaire des Archives départementales), ce qui permet, semble-t-il, ces recherches.

J'ai donc été à Soulignac. En remontant, j'ai trouvé les registres de baptêmes, mariages et inhumations, jusqu'en 1692. Puis de 1692 à 1660, une lacune, sauf quelques actes de 1668. Enfin, de 1660 à 1626, les baptêmes seulement. Je ne pouvais donc trouver ce que je cherchais. Toutefois, j'ai noté, en 1650, baptême de Marie Dufour, fille d'Arnaud Dufour, et ayant pour marraine Marie Dufour; en 1648 et 1642, baptêmes d'enfants de Jeanne Dufour, épouse de Bernard Duvignau (ce dernier nom douteux, car fort mal écrit), parrain Jean Dufour. Ceci confirme que des Dufour sont du pays. Peut-être faut-il lire Brisar dans le baptême d'Anthonine, fille de Jean, époux de Marguerite Gaudin, le 14 août 1650? Mais le nom est très mal écrit, il est réellement illisible.

J'ai été à Ladaux. Les registres commencent, en réalité, à 1667, les plus anciens ayant presque totalement péri dans un incendie. Ces registres comprennent tous les actes : baptêmes, mariages, inhumations, mais rédigés de manière très sommaire. J'ai lu complètement les actes de 1667 à 1708. J'y ai trouvé énormément de Dufour et Dufourc (l'orthographe varie ainsi suivant les curés), dont une dizaine de Jeanne. Plusieurs sont du « village du fourc », hameau voisin appelé maintenant « le Hourc » (les lettres h et f sont à peu près équivalentes dans l'idiome gascon de ce pays). Le nom de Dufour est d'ailleurs actuellement très répandu à Ladaux. Le nom de Brizard, de quelque façon qu'il soit écrit, y est au contraire inconnu. Je l'ai trouvé dans un seul de ces actes, un baptême de 1667 :

> « Jeane brisart fille de vincent brisart et de marie dupuy née le troixiesme de ce mois a été baptisée ce jourdhuy vinctiesme novembre mil six cent soixante sept son parrin jean courtois et sa marrine jeanne faurez ».

J'ai été aussi à Omet. J'y ai vu des registres assez complets, contenant, notamment, tous les mariages de 1658 à 1686. Mais je n'ai trouvé aucun nom qui ressemble à Brizard ni à Dufour, si ce n'est dans un baptême de 1675 : « sieur Julien Dufour et demoiselle jeanne dufour frere et sœur » qui « ont este parrin et marrine ».

Enfin, j'ai été au greffe du Tribunal civil de La Réole, où doit se trouver le double de tous les actes de l'état civil de l'arrondissement, ce qui me faisait espérer que je comblerais quelques lacunes. Mais il est moins bien muni d'anciens registres d'Arbis que la commune, il n'a aucun acte ancien de Soulignac et n'a ceux de Ladaux qu'à partir de 1692. J'ai toutefois profité de cette visite pour chercher le nom de Brizard dans les plus anciens répertoires (ceux du temps de Napoléon Ier et de la Restauration) de toutes les communes du canton de Targon, le canton d'Arbis, Soulignac et Ladaux. Mais je n'ai trouvé ni ce nom, ni aucun qui lui ressemble, tandis que, par contre, j'ai constaté que beaucoup des noms anciens y ont persisté. Il est donc fort possible que les Brizard ne soient pas originaires d'Arbis ou des environs. Peut-être Jean Brisard venait-il de Bordeaux ?

III

Diverses familles Brizard

De nombreux Brizard, en effet, ont habité Bordeaux dès longtemps avant. J'ignore s'ils avaient quelque lien de parenté avec la famille dont je m'occupe.

Les registres des baptêmes de Sainte-Croix nous montrent, de 1668 à 1679, neuf enfants, arrivant en rapide succession, œuvre de François Brizard, hôtelier, et d'Antoinette Daure, tous deux de la paroisse de Saint-Michel, mariés le 20 juin 1666 (Saint-Michel). L'acte d'inhumation de François en date du 26 mars 1681 (Saint-Michel), est ainsi libellé :

> « Le meme iour a este ensevely dans l'église comme passant françois brisard dit l'hoste du chapon Lardé qui deceda heir sous les aubangs. »

Son âge n'est pas indiqué.

François s'est fait enterrer dans l'église. Ceux de ses enfants qui sont morts avant lui ont été enterrés dans le cimetière.

De ses neuf enfants, un seul, mort en bas âge, s'appelait Jean.

« Sous les aubangs », où se trouvait l'auberge de François, était une rue qui a été remplacée, il y a un demi-siècle, par la place Duburg, en démolissant un gros pâté de maisons accolé à l'abside de Saint-Michel.

Les actes, très sommaires, comme ils le sont généralement à cette époque, ne font pas connaître les parents de François.

Je n'ai pas trouvé d'autres Brizard dans les baptêmes de Sainte-Croix à cette époque. Je n'en ai pas trouvé, non plus, en y remontant pendant vingt-cinq ans, à partir de 1668, date de la naissance du premier enfant de

François. Puis, en vingt ans, j'ai rencontré une brillante éclosion de dix enfants, œuvre de Jehan Brizard et Lionne Perrin. Ces enfants sont nés de 1620 à 1643. Aucun ne s'appelle François, ni Jean, ni Vincent.

Un autre ménage Brizard figure, à cette époque, sur les registres de Sainte-Croix, par le baptême de Jehan, né le 6 juin 1623, fils de Pierre Brisar et de Jehanne Belin.

Remontant encore dans Sainte-Croix, je ne trouve rien pendant quarante-trois ans, c'est-à-dire jusqu'en 1580. Il est vrai qu'il y a une lacune, le registre de 1590 à 1601 ayant été égaré.

Je trouve, le 6 août 1580, le baptême de Jehanne, fille de Jehan Brisard et de Jehanne ..... Dans cet acte, comme d'ordinaire à cette époque, et plus anciennement, le jour de la naissance n'est pas indiqué.

Puis, de 1576 à 1565, six enfants d'Arnaud Brisard, ou Brirard, ou Bricard, et de Catherine « sa fame » : ces actes sont peu lisibles et dédaignent l'ortographe.

Enfin, le 2 octobre 1544, presque à l'origine des registres (ils commencent en 1540), je trouve le baptême de Thomas, fils de Bernard Brizard (très lisible). Voici la copie complète de l'acte :

> « Le 2ᵉ jour Thomas fils de Bernard Brizard et de Pétronille Cussome par. Thomas.... mar. Catherine de la Valle. »

Le nom du parrain est illisible.

Nous avons tous visité les momies que l'on a exhumées de Saint-Michel. Elles datent de quatre siècles. Peut-être, parmi elles, avons-nous vu Bernard Brizard ou son épouse Pétronille?

Des Brizard ou Brisart habitaient déjà le quartier un siècle avant, car un registre de rentes de Sainte-Croix, du XVᵉ siècle (A D, H) contient (dernière page, 94 verso) la note suivante qui vient après une note semblable concernant un individu « demorant en la grant carrière [signifie rue] saincte-croix » :

> « Jehan brisart fourney [c'est-à-dire fournier]

demorant en lad. rue doit à cause de l'ostau [c'est-à-dire maison] ou demore aud. terme du dimanche gras - III s. t. [c'est-à-dire 3 sols tournois] ».

Cette pièce m'a été montrée et lue par M. Brutails, archiviste départemental de la Gironde.

Les registres de Saint-André, conservés aux archives municipales, ne remontent qu'à 1659. Des recherches semblables m'y ont fait trouver Marie Geneviève, née le 3 janvier 1688, sur la paroisse Puy-Paulin, fille d'Antoine Brisar, archet du guet, et de Marie Cubilier.

Dans les registres de Saint-Seurin, qui ne remontent qu'à 1668, j'ai trouvé un Antoine Brizard, maçon, marié à Guillaumine Promise, qui en a eu quatre enfants de 1690 à 1711 ; et un Jean Brisard, baradier, marié à Jeanne Degan, qui en a eu, de 1668 à 1677, quatre enfants (dont un Jean, mort en naissant, le 25 novembre 1668, et un autre Jean né le 14 septembre 1672).

Je n'ai rien trouvé à Saint-Nicolas.

Aux environs de Bordeaux, un Brisard figure dans l'acte suivant : 14 septembre 1541, Robert Brisard écuyer, comme mari d'Isabeau de Capdeville dame de la maison noble de Bernède sise en la seigneurie de Lesparre, dit tenir lad. maison à hommage du seigneur de Lesparre (A M, fonds Léo Drouyn, t. 8, p. 212).

Je n'ai pas étendu ces recherches au XVIIIe siècle.

J'ai trouvé parfois le nom de Brizard ailleurs que dans la région de Bordeaux. Le dictionnaire de Larousse cite trois Brizard, un poète, un comédien et un littérateur, morts tous trois à Paris en 1565, 1791 et 1793.

L'Armorial général de la France, dressé en exécution de l'Édit de 1696, comprend un Brizard à Angers, un Brizart à Dinan et un Brizart à Paris (Bibl. nat., manuscrits).

Après la chute de Robespierre, un mandat d'arrêt a été pris, le 12 thermidor an II, contre « Philipe Sulpice Brizard, instructeur des canoniers » (Archives nationales, A.F. II. 255). Le 22 fructidor suivant, un nouveau mandat d'arrêt a été pris contre lui et trois autres, d'après une dénonciation contre ces « quatre adjudans de canoniers, portant que ces hommes ont commandé de Braquer les canons sur le Comité de Sureté générale dans la nuit du 9 au 10 Thermidor et d'avoir harangué la garde de l'assemblée et le peuple dans le sens d'henriot, d'avoir contribué à faire abandonner la convention Nationale dans cette même nuit » (Arch. nat., A.F. II. 256).

Tout récemment, le 5 novembre 1912, un forçat nommé Pierre Brizard, n° 39986, a écrit, à tout hasard, de son bagne de La Guyane, à « Madame Veuve Marie Brizar, Fabrique de Liqueurs, Bordeaux ». Il l'appelle « Ma chère cousine » ! Ce forçat ignorait que Marie Brizard était morte, célibataire, cent douze ans avant. La lettre est sur un imprimé spécial pour lettres des forçats, où figure en haut, dominant tout, la belle formule : « Liberté, Égalité, Fraternité », qu'il paraît vraiment singulier de proclamer à des gens qui sont au bagne.

IV

Martial Brizard et sa descendance

Revenons maintenant au temps de Marie Brizard. De ses quatorze frères et sœurs, je n'ai plus à m'occuper que de Martial, le « Martial l'aîné », dont la naissance a eu lieu en 1720.

Martial Brizard l'aîné s'est marié trois fois :

La première fois, le 27 juin 1746, à Brest, où il était marchand de vins, avec Mathurine-Angélique Grande, fille de Jean-Allain Grande et d'Anne Neveu (Archives municipales de Brest). Le contrat de mariage, du 23 juin 1746, « porte qu'il y aura communauté de biens entre les époux et qu'en cas qu'ils changent de demeure en d'autres provinces, ils suivront néanmoins la coutume de Bretagne tant pour les biens meubles et immeubles qui pourroient s'y trouver, que pour ceux qui pourroient se trouver dans les autres provinces où ils pourroient s'établir » (F D, 99). Comme conséquence, « l'an 1792, 4ᵉ de la liberté » (¹), dans un des nombreux procès de Martial, des avocats de Bordeaux, étudient et discutent, de Bordeaux étant, la coutume de Bretagne, sa jurisprudence et son application à la succession de Mathurine-Angélique Grande, qui était morte quarante-trois ans avant (F D, 99 : mémoire « *A Messieurs Les Juges du Tribunal de District de Bordeaux* »).

De ce mariage sont nés deux enfants, tous deux à Brest (Archives municipales de Brest) :

Le 7 mai 1747, Anne Brizard, dont il sera longuement question et qui est appelée souvent Marie-Anne et quelquefois Jeanne ;

Et, le 21 octobre 1748, Jean-Frédéric Brizard, capitaine de navires.

Martial Brizard est venu, peu après, établir son domicile à Bordeaux (F D, 99).

Mathurine-Angélique Grande y est morte le 31 août 1749, « âgée de dix huit ans ou environ » (Saint-Pierre).

Martial Brizard a convolé en secondes noces, à Bourg (Gironde), le 10 février 1750, avec Marie Belloumeau, née le 8 mars 1728, fille de Pierre Belloumeau, ancien jurat de Bourg, et de Thérèze Barateau (Archives municipales de Bourg-sur-Gironde), laquelle est décédée le 31 juillet 1768

(¹) La date du titre de la « Gazette nationale ou le Moniteur universel », journal officiel de l'époque, ne porte aucune addition jusqu'au 13 juillet 1790, inclus. Au numéro du 14 juillet 1790, l'on y ajoute : « 1ᵉʳ jour de la 2ᵈᵉ Année de la Liberté ». Du 15 juillet 1790, inclus, au 13 juillet 1791, inclus : « Seconde Année de la Liberté ». Du 14 juillet 1791, inclus, au 4 janvier 1792, inclus : « Troisième Année de la Liberté ». Du 5 janvier 1792, inclus, au 20 août 1792, inclus : « Quatrième Année de la Liberté ». Du 21 août 1792, inclus, au 23 septembre 1792, inclus : « L'An quatrième de la Liberté, et le premier de l'Égalité ». A partir du 24 septembre 1792, inclus : « L'An premier de la République Française. »

(Saint-Pierre). Ils étaient dans une bonne situation de fortune, car, d'après un inventaire dressé quelques jours après ce décès, le 5 août, les biens qu'ils possédaient ensemble, « dépendans de la communauté », s'élevaient, dettes déduites, à 212 000 livres (A D, M° Cheyron, notaire ; dépôt de cet inventaire le 15 mars 1771) (¹). Martial a donc, pendant la durée de ce mariage, réalisé d'importantes économies. J'appelle l'attention sur ce que, comme quantité de métal fin, la livre était à peu près égale au franc, mais que son pouvoir d'achat était deux fois et un tiers plus fort (d'Avenel, *Hist. économique…*, 1894) et même davantage.

De ce mariage sont nés six enfants : Jeanne, Marie dite Thérèse, Dorothée, Ursule, Paul-Alexandre et Adélaïde (F D, 42, et Testament de Marie Belloumeau, du 31 juillet 1768, A D, Fatin jeune) (²). Mais, en 1790, seuls, Jeanne, Paul-Alexandre et Adélaïde vivaient encore (Testament de Martial, F D, 42).

Jeanne, née le 27 juin 1753 (Saint-André), a épousé, le 12 décembre 1773 (Saint-Pierre), Pierre Dalheu, capitaine de navires. Son contrat de mariage (A D, Fatin J^e, 2 décembre 1773) nous donne un exemple du peu d'importance que l'on attachait à l'exactitude des prénoms : elle y est désignée, en effet, sous le prénom de MARIANNE, tandis qu'elle signe ce même contrat JEANNE, le seul prénom de son acte de baptême. Pierre Dalheu est mort presque aussitôt, le 19 janvier 1774 (Saint-Pierre).

(¹) Y compris « un nègre que j'ay achetté il y a un an à Mr Manescat, cap. de Navir — 1200 livres », écrit Martial.

Le même dossier contient l'inventaire des biens meubles au décès de sa première femme, Angélique Grande. Il ne s'élève qu'à 7 000 livres. J'en extrais seulement ce passage : « Cinq Douzennes assiettes detain — 65 livres » et « huit Plats d° — 36 livres ».

(²) J'observe que, bien que ce testament soit antérieur à la Révolution, il n'y est nullement question d'avantages pour l'aîné. (D'ailleurs jamais, dans mes recherches, je n'ai trouvé trace du droit d'aînesse). Marie Belloumeau pose en principe « le… désir d'établir une parfaite égalité entre tous mes enfants qui me sont également chers…. ensemble le posthume ou posthumes dont je pourrais être enceinte. »

Jeanne Brizard est décédée à Bordeaux le 7 mars 1821 (A M et F D, 90).

Paul-Alexandre Brizard, capitaine de navires, est né le 6 avril 1761 (Saint-André) et décédé le 7 mai 1835 (à Bourg) « âgé de soixante-quinze ans », ce qui confirme la date de sa naissance (¹).

Le 26 août 1791, ce « fils légitime de Sʳ Martial Brizard Citoyen » (²) a épousé Marguerite - Thérèse Raboutet (Saint-Martial). Pas d'enfants.

(¹) Il était donc bien âgé de 30 ans et 8 mois en décembre 1791. A cette époque d'ailleurs il était marié depuis quatre mois. Ceci rend particulièrement curieuse la pièce suivante (F D) :

« Aujourd'hui vingt six Décembre mil sept cent quatre vingt onze, à Bourg en nôtre demeure, devant nous Pierre Pillot juge de paix de La Ville de Bourg Ecrivant Sieur Darmand Peychaud notre secretaire greffier, ont comparu sieur Martial Brizard citoyen de cette Ville, y habitant, et sieur Paul Alexandre Brizard son fils, capitaine de navire, demeurant aux Charterons Les Bordeaux, paroisse saint Martial de Bacalan ; Le quel dit sieur Brizard père, nous a Requis Recevoir L'emancipation qu'il vient faire dudit sieur Brizard son fils.

» Sur quoi nous juge de paix, octroyons acte de ce que Le dit sieur Brizard fils s'étant mis aux genoux de son pere, nue tête et Les mains jointes, et L'ayant prié de L'emanciper, le dit sieur Brizard pere a imposé sa main droite sur La tête de son fils, Lui a Disjoint Les mains, L'a fait Lever et a declarer L'Emanciper. Au moyen de quoi avons tenu et tenons Ledit sieur paul Alexandre Brizard fils, pour duement emancipé ; en conséquence Lui permettons de vendre, acquerir, transiger, tester et generalement faire tous actes dont une personne Libre peut être Capable ; sans qu'En aucuns cas il ait besoin d'être autorisé par son pere, envers Lequel nous Lui enjoignons de ne jamais s'ecarter du Respect et de l'obéissance filiale.

» fait le dit jour . . . . ».

L'émancipation d'un fils était l'acte par lequel il était mis hors de la puissance du père, puissance considérable et durable dans les pays de droit écrit, imprégnés de droit romain. Je me bornerai, à ce sujet, aux renseignements suivants, que j'ai trouvés dans « *Coutumes du Ressort du Parlement de Guienne,* par deux Avocats au même Parlement, 1768 » t. I, p. 185-186, t. 2, p. 118-119 (A D) : Il y a Emancipation tacite « après l'âge de vingt-cinq ans » des fils « qui ont demeuré hors la maison et compagnie de leur pere un an..... ». Cette Emancipation tacite est « à l'effet uniquement de pouvoir s'obliger..... ; mais..... il ne peut point faire de testament ; il n'a pas d'ailleurs en sa puissance les enfans qui lui surviennent après une pareille Emancipation ; enfin son pere conserve toujours l'usufruit entier de ses biens adventifs ».

(²) L'appellation « Citoyen » a été employée bien avant la Révolution. Ainsi, dans le « Controlle..... (petits actes) » de 1762, je lis :

L'an X, il a épousé Marie Perrin. Ce n'était pas un mariage riche, car le contrat porte « les futurs époux ont déclarés n'avoir rien à se constituer » (F D, 82). De ce mariage est né, le 16 prairial an XIII (5 juin 1805), un fils, Pauly-Théodore, qui est parti pour le Pérou, puis pour la Californie (¹). Ce Pauly - Théodore a épousé Victoire Brousse, d'où nombreux descendants qui sont tous en Californie et l'Arizona (F D).

En 1809, Paul-Alexandre s'est marié une troisième fois : il a épousé Anne (dite Céladine) Vitrac (le père natif de Tulle), dont il a eu cinq enfants (F D) :

1º Adeline (née 1810, † 1814);

2º Charles-François-Hyacinthe (né 1813, disparu en mer);

3º Maxime (né 31 mai 1815, † 26 mai 1903);

4º Céladine (née 6 mars 1818, † 1887) qui a épousé Louis - Félix Daleau, notaire à Bourg - sur - Gironde (né 1815, † 1892), et a eu de ce mariage, Joséphine, François et André Daleau (nés en 1841, 1845 et 1858), tous trois célibataires, demeurant à Bourg;

5º Enfin, Arabelle (née 31 octobre 1823).

Le dernier enfant de Martial, Marie-Adélaïde Brizard, née en 1765 (Saint-André), a épousé Philippe de Marin, de Bourg. De ce mariage sont nés six enfants : Bernard, Adèle, Adolphe, Paulin, Betzi et Jules (F D, 90).

Je ne parlerai pas des autres enfants de Martial et Marie Belloumeau. Je me bornerai à faire observer que (contrairement à l'usage ancien) ces enfants reçoivent, du moins les plus jeunes, plusieurs prénoms chacun : Marie-Dorothée, née en 1757; Jeanne - Ursule, née en 1759;

« sieur Conbelle citoyen'» (5 octobre), « sieur Lafore négociant et citoyen » (18 août), etc..... (A D). A Bordeaux « Citoyen » était le titre donné aux jurats sortis de leur charge.

Dans son acte de mariage, PAUL-ALEXANDRE est appelé PIERRE-ALEXANDRE. Des erreurs de ce genre étaient fréquentes et considérées comme sans importance.

(¹) « 26 décembre 1865. Mon cher Maxime. Depuis 24 ans je n'ai pas eu de vos nouvelles. Ma vie depuis que j'ai quitté la france a été un tissus de tribulation..... ton frère [signé :] Paul Brizard, Arcata, Humboldt County, Californie » (F D).

Marie-Thérèse-Adélaïde, née en 1765. L'encre de leurs actes de baptême a presque complètement pâli : elle était de mauvaise qualité. On voit qu'on se rapproche du temps actuel. Le papier est très bon. La malfaçon du papier ne date guère que de 1830 ; elle est en retard d'un siècle sur celle de l'encre.

Martial Brizard s'est marié une troisième fois, le 9 avril 1771 (Saint-Rémi), avec une demoiselle Despaignet, Marie (dite parfois Jeanne), fille d'un jurat de Bourg, dont il n'a pas eu d'enfant. Retiré à Bourg, il est en continuelles discussions litigieuses. Le 17 messidor an III, à 75 ans, il présente au tribunal de famille un Mémoire sur le règlement, avec ses neveux Teyssier et Biguey, de la succession de son frère, Martial cadet, mort à la Martinique en 1762 (F D, 207) (¹). L'année suivante, condamné par jugement arbitral du 12 vendémiaire an IV, il s'exécute, et le 30 du même mois, il paye à leur représentant 24 087 livres « Réellement Comptant en assignats ayant Cours De monnoye, Comptés, Vérifiés et Devers luy Retirés au Vû de nous notaires » (F D, 208, Mᵉ Despiet, à Bordeaux). A cette époque, à Bordeaux, les assignats valaient en or le 54ᵐᵉ de leur valeur nominale (A M, Période rév., série F, carton 55) : 24 087 livres en assignats équivalaient à 446 en or ! Il est vrai que Martial n'avait probablement que des assignats. Quoiqu'il en soit, si ses adversaires avaient fait traîner un an ce règlement d'une affaire vieille de trente-trois ans, les assignats n'auraient plus eu cours et Martial n'aurait pu solder qu'en or.

Le 9 thermidor an V (27 juillet 1797), Martial, âgé de 77 ans, passe un acte pour l'application d'une sentence

---

(¹) Ce Martial Brizard cadet avait, par testament du 23 octobre 1762 (M B R), laissé tous ses biens aux enfants de son frère Martial l'aîné et de ses sœurs, épouses Teyssier et Biguey ; mais l'usufruit, jusqu'à leur majorité, à Martial l'aîné. Dans son testament il énumère six de ses esclaves : Don Quichotte, Sancho, Gascon, Baptiste, Gilles et la négresse Pelagie, et les évalue mille livres chacun.

arbitrale rendue le 29 messidor précédent, entre lui et ses enfants, et qui avait réglé notamment la succession de sa première femme, Mathurine-Angélique Grande, morte quarante-huit ans avant (F D, 219, M⁰ Peychaud, à Bourg).

Enfin, le 20 germinal an VIII (10 avril 1800), il meurt, à Bourg, âgé de 80 ans, « dans le lieu de son domicile situé près de l'hôtel commun » (Archives municipales de Bourg-sur-Gironde), c'est-à-dire dans une maison qu'il avait construite au bord de l'escarpement qui domine, au loin, la Dordogne et la Garonne, à un point de vue admirable. Cette maison appartient actuellement aux Daleau. On y voit, dans les ferrures des impostes : « M B 26 M 1777 » (Martial Brizard, 26 mars ou mai 1777).

Martial était très grand. Son cercueil se trouva être trop court. Le menuisier, une brute, qui l'avait fabriqué, prit le marteau qu'il avait apporté pour le clouer, en rompit les jambes de Martial et réussit ainsi à le faire entrer de force (F D).

———

V

Commerce de Liqueurs

par Pierre, Martial et Jeanne Brizard

Avant d'exposer enfin ce que j'ai appris sur Marie Brizard, sur sa nièce Anne Brizard et son mari Jean-Baptiste Roger et sur la Maison « MARIE BRIZARD & ROGER » dont l'histoire est intimement unie à la leur, je crois devoir indiquer ce que je sais sur le commerce de liqueurs fait par d'autres personnes de sa famille : Pierre, Martial et Jeanne Brizard.

Pierre Brizard, le père de Marie Brizard, a laissé en héritage, vis-à-vis la rue Debordes, au pont du Guyt, six pièces de vigne et une maison contenant une *brûlerie avec chaudière*, propriété qu'il avait acquise, à crédit, en 1725 et que, trente ans après, ni lui ni ses héritiers n'avaient encore payée (A D, Arrêt du Parlement, 3 juillet 1755). Pierre Brizard a donc distillé. Je n'ai pu savoir s'il a fabriqué des liqueurs.

Son fils Martial l'aîné, dont il vient d'être longuement question, a fabriqué pendant longtemps de l'anisette et d'autres liqueurs. Il figure comme « marchand liquoriste » sur de nombreuses pièces, et notamment sur l'acte de décès de sa première femme, 1749 (Saint-Pierre), et sur le bail qu'il a passé, le 27 janvier 1751, pour louer deux boutiques, avec appartement, sur la place Royale, maintenant place de la Bourse, alors récemment bâtie avec sa façade actuelle. Ces deux boutiques étaient « du côté du passage, l'une devant la dite place, l'autre vis-à-vis la rue des fossets » (Minutes de M᷈ᶜ Faugas, actuellement chez Mᵉ Duhau). Cette maison est celle qui porte maintenant le numéro 2 (¹). Martial l'a achetée plus tard, le 19 juin 1767, au prix de 60 000 livres (F D, 99 et A D, *Controlle des actes des Notaires et sous signature privée*, 30 juin 1767). D'après une facture de 1759, il vendait l'anisette 30 sols la bouteille et le persico 40 sols (F D, 264), c'est-à-dire environ 1 fr. 50 et 2 francs (le prix actuel de la bouteille d'anisette est de 2 fr. 75). Il embarquait des liqueurs pour Saint-Vallery, près d'Amiens (A D, Fatin Jᵉ, 28 janvier 1767). Son commerce n'était pas limité à la France. Il était en rapports d'affaires avec des négociants de Bilbao (A D, Fatin Jᵉ, 28 juillet et 9 octobre 1767). Il expédiait des liqueurs aux Antilles. Il en recevait du

---

(¹) D'après le « Calendrier de Commerce pour l'an XIII » (A M), Jeanne Brizard, qui l'y a remplacé, demeurait au numéro 1. Mais, à cette époque, la Douane qui fait l'angle, à côté, n'était pas numérotée.

Paul-Alexandre Brizard, le plus jeune fils de Martial, racontait, sur ses vieux jours, être né dans cette maison, « dans la chambre qui est au-dessus de l'arceau de cette place, faisant face à la rivière » (M B R).

sucre et du café qu'il revendait à Bordeaux, non quelquefois sans un certain risque : ainsi en 1761, le navire
L'Éventé allant de la Martinique à Bordeaux, fut arrêté et
rançonné de 36 500 livres par un corsaire anglais,
d'où majoration du prix du sucre et du café qu'il portait
à Martial (F D, 266).

Retiré à Bourg, après le mariage de sa fille Jeanne,
Martial y cultivait ses propriétés, y vendait du vin
(F D, 153) et... tâchait d'échapper à ses créanciers. En
avril 1776, il n'osait même paraître à Bordeaux parce que
l'un d'eux le menaçait d'une contrainte par corps
(F D, 308). Il est vrai qu'une pièce de septembre 1777 le
signale comme « Employant ses fonds Et ses Revenus à Bâtir
des maisons dans La ville de Bourg au Lieu de satisfaire
ses créanciers » (A D, C. 3548). Mais avoir commis
l'imprudence d'entreprendre la construction de maisons
devait rendre sa situation particulièrement difficile.

Le 24 septembre 1766, il avait été reçu Bourgeois de
Bordeaux (A M, Jurade).

Jeanne Brizard et Pierre Dalheu, sa fille et son gendre,
ont pris, en se mariant, la suite de son commerce à
Bordeaux, dans la même maison de la place Royale (Acte
sous-seing privé, 2 décembre 1773, F D, 300). Durant son
mariage d'un mois, Pierre Dalheu expédie 32 paniers
d'anizette au Cap (Saint-Domingue) sur le navire
La Comtesse-Dubarry (A D, Fatin J^e, 4 février 1774).
Veuve de vingt ans, Jeanne continue le commerce de son
père et de son mari, en France et aux Colonies. Ainsi,
une facture du 5 mai 1774 nous la montre « marchand
liqueuriste » et expédiant de l'eau-de-vie (F D, 118); un
acte du 27 juin 1782 (A D, Fatin J^e) nous apprend qu'elle a
envoyé au Cap dix caisses de 54 bouteilles d'anizette fine
chacune et quatre caisses d'endaye. Elle ajoute à ce
commerce celui du chocolat, du drap, du linge, de la
porcelaine, tout au moins pour former des « paccotilles »
à vendre aux Colonies (F D, 101). Jeanne habitait encore
ce même immeuble « Place de la Liberté », lorsque

Martial dut le céder à ses enfants du second lit par l'acte du 9 thermidor an V que j'ai cité (F D, 219). Une liste de griefs de Paul-Alexandre Brizard (F D, 101), l'accuse d'avoir payé en assignats (mais avait-elle autre chose ?) une pension qu'elle devait à sa sœur, d'où ruine de cette sœur obligée, pour vivre, d'emprunter à 48 % d'intérêt par an. En outre elle aurait proposé, à lui Paul-Alexandre Brizard, par lettre du 29 messidor an VI, un intérêt de 5 % seulement sur un certain capital qu'elle lui devait, tandis que « l'argent était à 16 % » (¹) (F D, 101).... Il y avait toujours, dans cette famille, de graves difficultés pécuniaires.

L'*Almanach de Commerce pour l'année 1791* et celui *pour l'année 1792* qui donnent, par professions, les principaux négociants de Bordeaux, portent « Brizard Jeanne, pl. royale » parmi les « Distillateurs Liqueuristes » qu'ils énumèrent au nombre de 29. Le *Calendrier régénéré du Département du Bec-d'Ambez pour la seconde année de la République Française une et indivisible* et les autres annuaires bordelais du temps de la Terreur et du Directoire, ne s'occupent pas de commerce. Mais, en 1800, l'*Annuaire du Département de la Gironde pour la IXe année de la République française* qui énumère, sans indication de nature de commerce, environ 700 négociants de Bordeaux, porte « Daleu (Veuve) place de la Liberté ». Le dernier annuaire sur lequel elle figure est celui de 1806, celui qui consacre la reprise du calendrier grégorien : *Almanach général statistique et commercial de la Préfecture de la Gironde, pour quinze mois, ans XIV et 1806, contenant le calendrier depuis le 23 septembre 1805 jusques et y compris le 31 décembre 1806.* Une nuance :

(¹) J'ai vu deux prêts en « assignats monnoye de Cours », de floréal an III (avril 1795), consentis avec intérêts de 4 % et 3 % (Minutes Maillères, chez Mᵉ Castéja. Le second est un emprunt de Marie Brizard & Roger). Je suppose que la somme principale était majorée afin de réduire l'intérêt et d'éviter ainsi l'accusation de *négociantisme* qui, peu avant, sous la Terreur, était capitale ?

Sous l'ancien régime, Marie Brizard & Roger empruntaient à 5 % (A D, Fatin Jᵉ, 20 août 1771 et 22 mars 1776).

ce n'est plus le *Département*, mais la *Préfecture* de la
Gironde : entre les deux, il y a la proclamation de
l'Empire. Jeanne y est portée « Brizard (veuve Daleu),
place de la Liberté ». Son omission de tous les annuaires
suivants prouve qu'elle s'est retirée des affaires en 1806
(Annuaires : A M).

VI

Marie Brizard, Jean-Baptiste Roger et Anne Brizard

Débuts de la Maison Marie Brizard & Roger

Il est de tradition dans la famille que Marie Brizard,
qui était très charitable, a appris le secret de la fabrication de son anisette d'un nègre qu'elle avait soigné à
l'hôpital et qui voulait lui témoigner sa reconnaissance.
Cette anisette serait donc d'origine coloniale comme
beaucoup d'autres liqueurs.

Quoiqu'il en soit, dans un Registre « pour servir à
l'enregistrement des livres de commerce » de 1762 à 1765,
volume malheureusement isolé (A D), j'ai trouvé, à la date
du 22 novembre 1762, l'enregistrement (pour clôture ?)
d'un « Registre ou Livre pour servir de journal au commerce de Marie Brizard aînée, marchande de cette ville,
timbré..... le sept décembre mil sept cent soixante un »,
et cette date du 7 décembre 1761 est la plus ancienne à
laquelle j'ai pu constater que Marie Brizard se livrait au
commerce. Marie Brizard avait alors plus de 47 ans. La
nature du commerce n'est pas indiquée.

La première pièce, à ma connaissance, où il soit question de Marie Brizard comme fabricante ou commerçante
de liqueurs date de huit mois plus tard. C'est un bail du
18 août 1762 (A D, Mᵉ Loche), par lequel « demoiselle
Marie Brizard aînée fille majeure marchande liquoriste....;.

actuellement aux faux bourg des chartrons rue pome
d'or » prend en location pour sept ans, au sieur Denis,
une maison faisant l'angle « de la rue du pont de la mousque et de celle qui va de la ditte rue à la porte du Chapeau
Rouge audevant de la Bource consistant en une grande
Boutique un magazin » et un logement, au prix de
1 200 livres par an. Le premier terme annuel est payé
immédiatement « en quatre billets faits ce jourd'hui par
le Sr Jean Baptiste Roger à l'ordre de la ditte Dlle Brizard
et qu'elle a présentément passé à celluy dud. Sr Denis »,
ce qui montre que Marie Brizard avait peu de crédit.
Ce bail nous fait connaître la signature de Marie Brizard,
grosse signature, informe, péniblement tracée, qui
indique une personne peu lettrée, ne pouvant pas,
évidemment, tenir elle-même sa comptabilité. En voici
la reproduction :

marie Brizard

Jean-Baptiste Roger, que nous voyons paraître dans ce
bail, était né, dans la paroisse de Sainte-Colombe, le
1er août 1731 (Saint-André). Il avait donc 31 ans. Il était
déjà en rapports d'affaires avec les Brizard, car Martial lui
avait donné une procuration, le 1er juin 1761, pour encais-
ser des créances à Brest (Minutes de Me Barberet, chez
Me Larnaude). Une procuration du 23 juin 1762, c'est-à-
dire à peine antérieure au bail Marie Brizard, nous
apprend qu'il demeurait aux Chartrons (comme Marie
Brizard) et qu'il achetait des marchandises à Bilbao
(A D, *Controlle des actes des Notaires...*, 5 juillet 1762).

Jean-Baptiste Roger était fils de George Roger, tailleur
d'habits, reçu plus tard, en 1766, Bourgeois de Bordeaux,
et de Marie Marchand, mariés le 8 mai 1726 (Sainte-
Colombe) et qui ont eu dix enfants. Marie Marchand étant
morte, le 18 mai 1741, George Roger s'est remarié le
10 septembre 1743 (Saint-Pierre), à Jeanne Longeville qui

lui a donné aussi plusieurs enfants dont je citerai seulement Jean et Jérémie. Jean est né le 27 juillet 1743 (Saint-André). Jérémie est né le 4 octobre 1752 (Saint-André) ; son acte de mariage (Sainte-Eulalie, 1er juillet 1776) l'appelle Jean-Baptiste-Jérémie. D'où confusion possible de ce Jean et de ce Jean-Baptiste-Jérémie avec le Jean-Baptiste qui nous occupe. Le choix de prénoms pouvant prêter à confusion est extrêmement fréquent à cette époque. En 1755, George Roger signe « Roger paire » l'acte de baptême d'un autre de ses fils. Tailleur d'habits, il confondait Père de famille avec Paire de ciseaux ! Il était lui-même fils de Pierre Roger et de Jeanne Napsaude. Il est mort le 20 février 1774 (Saint-Rémi). Marie Marchand était fille de Jean Marchand, tailleur d'habits, et de Louize Renard (A M et A D, Fatin Je, 14 juillet 1779, partage de la succession de George Roger) (¹).

Une descendante de notre Jean - Baptiste Roger, Mme Capelle, décédée en 1884, a écrit, dans ses « Souvenirs », que l'une des filles de George Roger « fut la fondatrice de la maison Ve Amphous, de la Martinique », maison de liqueurs bien connue. Je n'ai trouvé aucune autre indication à ce sujet.

George Roger avait acquis 3 850 livres et revendu ensuite 3 600 livres « la charge de garde de la Connetablie de France » (Le partage de sa succession).

Le 26 janvier 1763, la Jurade (c'est-à-dire l'Administration municipale) autorisait Marie Brizard à tenir boutique (A M) :

> « Du Mercredi vingt sixième janvier 1763 sont Entrés En Jurade Messieurs Lapause, Dubergier, d'Arche, Dubouilh, Lartigue jurats, tranchère procureur sindic et Chavaille secretaire de la ville

---

(¹) Le *Controlle des actes des Notaires* (A D) mentionne, au 31 juillet 1767, une procuration donnée par George Roger « pour faire renfermer son fils » (Fatin Je, notaire, le 29). Malheureusement, elle fait défaut dans les papiers de ce notaire (A D).

» sur les requêtes présentées en jurade par S^rs [suit une liste de divers négociants et négoces] Et Marie Brisard, marchande de Liqueurs, habitants de cette ville, aux fins qu'il leur fut permis d'y tenir magasin, boutique et ouvroir ouvert sur les d. requêtes après que les d. S^rs [suit la même liste] et Brizard, ont eu fait enquête de leur bonne vie et mœurs, sont intervenus appointements qui du consentement de M. le procureur sindic leur permet de tenir boutique et ouvroir ouvert ou magasin en la présente ville ou faux bourgs pour y vendre des marchandises de leur commerce, à la charge de se conformer aux Statuts et règlements de police. »

Une opposition du 3 mai 1764, à « la demoiselle Brizard marchande Liqueuriste à bordeaux, tant pour Elle que pour le sieur Rogier fils son associé » lui a interdit de faire aucun payement de loyer ou autre, aux représentants de feu le Sr Denis. Elle lui a été notifiée le lendemain « en Son domicille, près l'hotel de la bource », c'est-à-dire dans la maison louée du dit Sr Denis en 1762 (A D, *Controlle... petits actes*, 7 mai 1764, et Me Duprat). C'est, à ma connaissance, la pièce la plus ancienne où il soit question de l'association de Marie Brizard et J.-B. Roger.

Le bail à loyer d'une maison rue du Pont-de-la-Mousque, avec issue sur les fossés du Chapeau Rouge, passé le 9 mai 1765, nous montre Marie Brizard et Roger, négociants, et signant de la raison sociale MARIE BRIZARD & ROGER (A D, Fatin J^c). Ils étaient rue du Chapeau-Rouge, c'est-à-dire dans la maison Denis, louée en 1762, qui en faisait l'angle.

A partir de cette date, les actes au nom de cette raison sociale sont fort nombreux. Je me bornerai à en citer quelques-uns (A D, Fatin J^e) intéressants à d'autres titres :

Par l'un, du 22 juillet 1765, « les sieurs Marie Brizard et Roger négocians associés à Bordeaux et y demeurant rue pont de la mousque », donnent procuration au capitaine du navire *La Pomone*, allant au Cap (Saint-Domingue) pour payement de marchandises livrées depuis le 28 avril 1764 et de cinquante paniers d'anizette embarqués sur le dit navire.

Par un autre, du 16 août 1765, « Marie Brizard et Jean Roger négocians associés » achètent, à moitié prix, des créances sur le Sr Denis. Les 4 et 15 septembre 1767, ils achètent encore d'autres créances sur le Sr Denis, avec grand rabais « en considération des périls et Risques ». Ces achats sont évidemment des mesures préparatoires à l'acquisition de l'immeuble où ils étaient installés, d'après le bail passé par Marie Brizard quelques années avant.

Par acte du 31 octobre 1766, Marie Brizard et Roger donnent procuration pour toucher le montant de cent paniers d'anizette embarqués pour Saint-Domingue à bord de *L'Athalante*.

Des actes de notoriété, des 10 et 28 janvier 1767, nous les montrent embarquant de l'eau-de-vie de handaye pour Saint-Vallery, à destination d'Amiens.

Des recherches ont été faites, avec grand soin, dans les divers registres du « *Controlle des Actes des Notaires et sous signature privée* » (A D) et dans les minutes de plusieurs notaires, pour le temps compris entre la passation du bail de 1765 (pièce « Marie Brizard et Roger ») et celle du bail 1762 (qui est au nom seul de Marie Brizard). Elles n'ont fait découvrir, en plus de l'opposition de 1764, qu'un seul acte où figure Marie Brizard, et ce n'est pas un acte de commerce : c'est une procuration donnée, le 17 mai 1763, par « Marie Brizard... Marchande liqueuriste », pour la succession de son frère. Elles ont donné, au nom de Jean-Baptiste Roger, une procuration contrôlée le 15 mars 1764, où il est désigné comme demeurant rue du Pont-de-la-Mousque. C'est un peu comme chercher des épingles dans une meule de foin. Le résultat suffit au moins à démontrer que Jean-Baptiste Roger, après avoir demeuré, en même temps que Marie Brizard, aux Chartrons, l'a suivie rue du Pont-de-la-Mousque. Je n'ai donc trouvé aucune trace d'acte constitutif de la Société Marie Brizard & Roger. En suivant le « *Controlle....*, *petits actes* » (A D), j'ai trouvé, au 17 décembre 1762, le contrôle d'un acte de Société, passé, sous-seing privé, entre Lafon et Blanchon, plus de trois ans auparavant, le 2 novembre 1759. Peut-être Marie Brizard et Roger ont-ils passé un acte de Société, mais ne l'ont-ils fait contrôler, comme Lafon et Blanchon, que plusieurs années après, lorsqu'une circonstance a rendu ce contrôle nécessaire ? Peut-être même ne l'ont-ils jamais fait contrôler ? On comprend que les recherches effectuées dans les registres de l'époque où cet acte a été passé (à supposer qu'il ait jamais été passé), n'aient donné aucun résultat.

J'ai cherché l'enregistrement de cet acte dans les sentences consulaires (A D), où il aurait dû figurer, semble-t-il, aux termes de l'Ordonnance de 1673. Je ne l'ai pas trouvé, quoique ces dossiers contiennent l'enregistrement de beaucoup d'autres Sociétés. Parmi ces enregistrements, certains concernent la dissolution de Sociétés *verbales* de commerce, dont la constitution ne paraît avoir été l'objet d'aucune formalité. Peut-être la Société Marie Brizard & Roger était-elle verbale ? J'observe que l'acte de vente de la Maison de commerce par Marie Brizard à Anne Brizard, de l'an IV, dont il sera question plus loin, se borne, pour l'origine de la Société, à cette simple mention : « La Société de commerce qui avoit subsisté plusieurs années entre la dite Brizard et le dit Roger sous le nom de Marie Brizard et Roger ».

Le 13 juillet 1766, Jean-Baptiste Roger, âgé de 35 ans, a épousé Anne Brizard, âgée de moins de 20 ans, fille de Martial et nièce de Marie (Saint-Pierre). L'acte de mariage porte, naturellement, la signature de Jean-Baptiste Roger. Elle est d'une très bonne écriture et ressemble beaucoup, ainsi que son paraphe, à la signature « Marie Brizard et Roger » que l'on voit dès la première pièce de 1765, et qui demeure celle de la Maison jusqu'à la Révolution (¹). Anne Brizard signe d'une bonne écriture, ressemblant quelque peu à celle de son mari. Voilà évidemment les comptables de Marie Brizard.

La date de ce mariage a permis de trouver l' « Insinuation » du contrat, c'est-à-dire son enregistrement (A D, 5 juillet 1766). L'insinuation a fait connaître, comme d'ordinaire, la date du contrat, 29 juin 1766, et le nom du notaire, Fatin jeune, indications qui ont permis de retrouver le contrat lui-même (A D) et, par le nom de ce notaire et par celui de son successeur, M° Maillères, beaucoup d'autres actes. Les actes de Fatin jeune sont d'autant plus faciles à consulter qu'ils se trouvent aux Archives départementales, soit parce qu'ils faisaient partie de la « Garde-Note » de la Compagnie des Notaires de Bordeaux, confisquée par l'État sous la Révolution ; soit parce qu'ils ont été versés à ces Archives, à titre de dépôt, par un successeur trop encombré de dossiers. Les actes de M° Maillères sont chez son successeur actuel, M° Castéja.

Dans ce contrat qui règle « les effets civils du mariage proposé » entre J.-B. Roger et Anne Brizard « qui promettent le célébrer incessamment en face d'Église, à la première réquisition qu'ils s'en feront ou qui leur en sera faite, à peine de tous dépens, domages et intérets », il est stipulé :

1° « En faveur et considération duquel mariage, et pour aider à en supporter les charges, le dit sieur Brizard..... constitue en dot à la dite demoiselle sa fille la somme de neuf mille livres..... payables après le décès du dit sieur Brizard, sans intérêt, jusques alors s'en réservant l'usufruit et jouissance ». Les *charges* que ces 9 000 livres ont *aidé à supporter* n'ont pas été celles du début du mariage, car le dit Sr Brizard a vécu encore trente-quatre ans !

2° En outre, le dit Sr Brizard donne à sa fille la somme de 3 000 livres « qu'il a présentement payée », libéralité d'un intérêt plus actuel. Il est vrai que cette somme est

---

(¹) Après cette époque, elle a été remplacée par une signature peu différente et qui est encore la signature de la Maison.

délivrée, non pas en espèces, mais « en deux billets par lui présentement faits à l'ordre dudit sieur Roger, futur époux ». Ceci laisse un doute, car le dit sieur Brizard apparaît, dans bien des pièces, comme peu pressé de se libérer.

La dite somme, ainsi que celle de 9 000 livres ci-dessus est stipulée « censée fonds et immeuble réversible à la dite future épouse et aux siens, de son estoc et ligne, pour être sujette à la disposition de la Coutume de Bordeaux ».

3° En outre, Marie Brizard « voulant prouver d'une manière autentique à la dite demoiselle future épouse, sa nièce, la satisfaction qu'elle a du présent mariage, et pour la convaincre de sa tendre amitié, fait don et donnation entre vifs et irrévocable à la dite demoiselle future épouse » de 6 000 livres en argent à prendre après son décès, sans intérêt. Or, elle n'est morte que trente-cinq ans après !

Voilà la future bien dotée.

Pour ce qui est de Jean-Baptiste Roger, il est seulement stipulé :

4° « Le dit sieur Roger..... déclare se constituer la somme de huit mille livres provenantes de son commerce, à quoi..... il a évalué sa moitié tant du fonds de boutique que des dettes actives de sa société avec la dite demoiselle Marie Brizard ».

Il est stipulé : « Seront les dits futurs époux associés par moitié, en tous les acquets, meubles et immeubles que Dieu leur fera la grâce de faire pendant leur mariage ». Somme toute, ils sont mariés suivant ce que nous appelons la Communauté réduite aux acquêts, art. 1498 du Code civil. C'était le régime matrimonial en usage à Bordeaux.

Et ont signé : les futurs époux, quarante-sept parents et amis et deux notaires, en tout cinquante et une personnes. J'allais oublier que, d'après le préambule du contrat, chacun des futurs époux se marie « de l'avis et conseil » de ses « parents et amis soussignés ».

L'évaluation ci-dessus à 8 000 livres faite par Jean-Baptiste Roger, montre que l'inventaire, à cette date, de la Maison de commerce Marie Brizard & Roger se serait élevé à 16 000 livres. J'ai voulu évaluer cette somme en francs, au pair, mais j'ai trouvé des résultats très différents suivant que je prenais comme base telle ou telle des pièces d'or en cours (voir : *Mem. sur les variations de la Livre tournois*, par Natalis de Wailly, 1857). Si l'on se base sur le prix, en livres, de l'argent métal (d'Avenel, *Hist. économique...*, 1894), ce qui est rationnel, car les payements se faisaient en monnaies d'argent, on trouve que, à cette époque, la livre est à peu près égale au franc. L'inventaire se serait donc élevé à environ 16 000 francs. Mais une telle somme représentait, alors, bien plus que même somme actuellement. Ainsi, par exemple, Marie Brizard et Roger ont payé à raison de vingt-cinq sous par jour, le charpentier qui a fait diverses réparations à leur maison de campagne de Gradignan, près Bordeaux (A D, Fatin Jᵉ, 22 avril 1773) (¹), tandis que, maintenant, la journée de charpentier est, à Bordeaux, de 5 fr. 50 à 6 fr. 50 (Bourse des salaires), c'est-à-dire quatre à cinq fois supérieure. D'après d'Avenel (*Hist. économique...*, 1894), le pouvoir d'achat de l'argent, déduit du coût de la vie, était alors deux fois et un tiers son pouvoir actuel, et cette proportion a notablement augmenté depuis vingt ans que d'Avenel a écrit son ouvrage.

Ils furent heureux, je suppose, et ils eurent beaucoup d'enfants, j'en suis certain, onze au moins : George-Pierre, né le 28 juin 1767 ; Jeanne-Eulalie, qui a épousé Fulcrand Fave, née le 17 avril 1769 ; Jean - Baptiste - Augustin, conspirateur royaliste, né le 15 juillet 1770 ; Jean-Frédéric, né le 28 août 1771 ; Marie-Augustine, née le 10 octo-

---

(¹) Cette propriété, en maison, vignes et bois (*Lescoueyre* et *Aux Ombreys*) était située le long et à l'ouest de l'ancien chemin du Moulin-de-Monjoux à Léognan (A D, acte susdit, et Eaux et Forêts, Réquisitions, Verbal du 28 mars 1772). Elle est actuellement une partie de l'Orphelinat de l'Abbé Moreau et sa maison n'est autre, je pense, que le bâtiment central de cette institution.

bre 1772 ; Georges-Auguste, né le 2 novembre 1775, mort à deux mois ; Ursule-Hélène, née le 2 janvier 1777, morte à quatre mois ; Basile-Augustin, l'un des associés de la Maison, né le 7 mars 1778 (¹) ; Jean-Baptiste Urbain, né le 3 mai 1780 ; Jeanne-Honorine, née le 18 avril 1782, morte le surlendemain ; Bernàrd-Théodore, l'autre associé, et plus tard, le seul propriétaire de la Maison, né le 15 mars 1784 (tous, baptistère Saint-André). Marie Brizard fut marraine du premier né : c'était bien dû !

Cette année 1766 fut marquée, pour Jean-Baptiste Roger, par un autre bonheur : il fut reçu Bourgeois de Bordeaux.

Mardi 18 mars 1766 : « Sieurs Pierre Viguié Et Jean Baptiste Roger fils aîné, négociants, habitants de cette ville ont prété le serment de Bourgeois d'icelle au cas requis Et accoutumé, après avoir fait enquetes de leurs bonnes vies Et mœurs devant M. Berjon Jurat commissaire à ce député » (A M, Jurade).

En 1769, Marie Brizard et Roger ont acquis la maison de la rue du Pont-de-la-Mousque, celle du Sʳ Denis, dans laquelle ils étaient installés depuis sept ans (M B R, Arrêt du Parlement du 17 août 1769 ; est cité, A D, Fatin Jᵒ, 7 mars 1770). Cette maison tombait de vétusté : ils n'ont guère tardé à la reconstruire (Acte de vente de cette maison, Bizat notaire, aux A M, actes notariés 1864).

(¹) Je possède son portrait, en uniforme d'élève de Sorrèze. Au dos, on lit : « augustin Bazile Roger agé de 16 ans 1/2 peint à Sorrèze par chaleau dans le courant de fructidor l'an second de la République une et indivisible ». C'est août-septembre 1794.

Pour Dom Rodier   du 6 aoust 1766

11 Bouteilles anizette a 24   £ 13..4..
2 dos. huile de venus a 40   4.....
    eu 9: 7bre   £ 17..4..
3 Bouteilles Liqueurs fines
        a 40.   £ 6.....
1   do. anizette   1..4..
                                    7..4..

Recu Les vingt quatre   £ = 24..8.
Livréa huit sols Bordeaux Le
26 — 7bre 1766   Marie Brizard & Roger

VII

Prix de liqueurs et Situation commerciale
de Marie Brizard & Roger.

Voici une facture de cette époque. Je rappelle qu'une livre vaut à peu près un franc et, par conséquent, un sol à peu près cinq centimes.

(A D, *Fonds de l'abbaye de Sainte-Croix: Comptabilité.*)

<table>
<tr><td></td><td></td><td colspan="2">du 6 aout 1766</td></tr>
<tr><td colspan="4">Pour Dom Rodier</td></tr>
<tr><td>11 Boutteilles anizette à 24 s..........L.</td><td></td><td></td><td>13„4„</td></tr>
<tr><td>2   d⁰   huile de venus à 40 s.......</td><td></td><td></td><td>4„-„</td></tr>
<tr><td>du 9 : Sep^bre</td><td></td><td>L.</td><td>17„4„</td></tr>
<tr><td>3 Boutteilles Liqueurs fines</td><td></td><td></td><td></td></tr>
<tr><td>à 40 s...........L.</td><td>6„-„</td><td></td><td></td></tr>
<tr><td>1   d⁰   anizette ....</td><td>1„4„</td><td></td><td></td></tr>
<tr><td></td><td></td><td></td><td>7„4„</td></tr>
<tr><td>Reçu Les vingt quatre</td><td></td><td>L.</td><td>24„8„</td></tr>
<tr><td>Livres huit sols</td><td></td><td></td><td></td></tr>
<tr><td colspan="4" align="center">Bordeaux Le</td></tr>
<tr><td colspan="4" align="center">26 - Sep^bre 1766</td></tr>
<tr><td colspan="4" align="center">[Signé :] Marie Brizard et Roger</td></tr>
</table>

Un cahier de Comptes de l'abbaye de Sainte - Croix porte, à la date du 3 février 1769, la mention suivante (A D, H. 1086, fol. 6) :

Payé à Ma^le Brizard pour 6 bouteilles anisette... 7 livres 4 sols.

Il en résulte le même prix de **24 sols** par bouteille.

Des factures de **1779** et **1780** (M B R), donnent pour le prix par bouteille :

Anisette commune..................... 24 sols.
Anisette fine, compris la rouge......... 30 sols.

D'après des factures de 1781 et 1783 (M B R), le prix par bouteille est : Anisette, compris la rouge, 35 sols.

Le prix de l'anisette a donc augmenté. L'on va constater que cette progression a continué.

Une facture du 30 juillet 1789 (M B R) porte :

<pre>
10 bouteilles anizette à 33 sols.......... 19 livres
 6   ditto angélique ⎫
 1   ditto noyeau   ⎪
 1   ditto barbade   ⎬ 10 Blles 55 sols. 27 10
 1   ditto fine orange⎪
 1   ditto venus   ⎭
Caisse et corde....................... 1 16
Droits et billets..................... 1
                                        ─────────────
                                        49 livres 6 sols
</pre>

Une autre, du 1er avril 1790 (M B R) :

<pre>
24 bouteilles anizette 40 sols.......... 48 livres.
</pre>

Marie Brizard et Roger faisaient fabriquer des bouteilles en verre noir et en verre blanc, près de Villandraut (A D, Fatin Je, 7 mars et 25 décembre 1769).

Ils ne bornaient pas leur commerce aux liqueurs, car, en 1768, ils ont expédié de l'eau-de-vie et du vin vieux au Cap, Saint-Domingue (A D, Fatin Je, 24 avril 1770).

D'après la tradition, la Maison Marie Brizard & Roger atteignait, à cette époque, une grande prospérité. Deux lettres (F D, 309 et 310), écrites le 4 et le 12 mai 1776 à Martial Brizard, alors installé à Bourg, disent cependant que Marie Brizard et Roger sont « géné plus que vous ne pensés ». Il est vrai qu'ils doivent faire un payement de 12 000 livres peu de jours après ; et aussi que ce renseignement est donné à Martial pour refuser de lui prêter de l'argent.

Marie Brizard et Roger ont acheté successivement plusieurs immeubles à Bordeaux et à la campagne, aux environs. C'est une preuve de prospérité et de situation grandissante ; mais cette preuve n'est pas absolue, car nous avons vu, par exemple, que Pierre et Martial Brizard ont acheté maison et terrain, sans avoir assez pour payer, ce qui a d'ailleurs beaucoup contribué à leurs embarras pécuniaires.

Les renseignements suivants sont plus probants :

Les Rôles de la Capitation de 1777 (A D, C. 2792) « répartie sur chacun des Contribuables, à proportion de ses biens et facultés », énumèrent pour le « Corps des Cafetiers et Liqueuristes », quarante-cinq personnes, dont la plus taxée, de beaucoup, est « Marie Brizard Liqueuriste, 100 livres ». Viennent ensuite : un cafetier, 60 livres ; un autre cafetier, 54 livres ; Jeanne Brizard, Liqueuriste, 48 livres. Tous les autres payent beaucoup moins. Ce Rôle « vérifié par Nous Subdélégué de Monseigneur l'Intendant au Département de Bordeaux » (voici le mot *Département* bien avant la division territoriale décrétée par l'Assemblée nationale) a été fait le 30 juillet 1777. Comme comparaison, je remarque que les contribuables les plus frappés par cette Capitation sont trois armateurs qui payent 600, 589 et 502 livres.

On lit dans *Histoire du Commerce de Bordeaux*, par Malvezin, 1892, t. III, p. 205, que, en 1782, dans le commerce de Bordeaux avec les Colonies : « Les navires français avaient pour chargeurs principaux, Brizard, Grandmaison, Dussumier..... ». La liste est de vingt et un et le nom de Brizard y figure, peut-être fortuitement, le premier.

L'anisette de Bordeaux était renommée. Quelques années après, à Paris, l'on insultait des victimes du tribunal révolutionnaire, en disant : Celui-là « c'est de l'anisette de Bordeaux » (Archives nationales, Procès Fouquier, n° 24, p. 1. Cité par Wallon, *Tribunal révol.* t. IV, p. 114).

L'étude des dossiers de la période révolutionnaire conservés aux Archives municipales et départementales, m'a donné quelques renseignements qui permettent de se faire une idée de la situation de Marie Brizard et Roger vers la fin de leur carrière :

« Jn.-B^te Roger, liqueuriste, derrière la Bourse » a été l'un des 90 députés élus, le 7 mars 1789, par les corporations de Bordeaux, pour nommer les représentants du Tiers-État aux États Généraux (A M, A A. 26). L'assemblée des 90 a joué un rôle, à plusieurs reprises, au début de la Révolution (*Histoire de la Terreur à Bordeaux*, par A. Vivie).

J'ai trouvé Roger, l'un de ces 90 *Électeurs*, et son fils, parmi les « Noms de Messieurs les Citoyens Qui ont fait le don généreux à la patrie de leurs Boucles et autres objets » (A D, L. 849) : Roger donne une paire de grandes boucles le 3 octobre 1789 ; le 5, Roger fils donne aussi une paire de grandes boucles, et, en outre, un étui en or. Cette listé comprend, au total, 700 paires de grandes boucles de souliers et 148 de petites.

Roger a été l'un des administrateurs de la Société qui a émis des Billets de Confiance, garantis par des assignats en dépôt (¹). Ces billets, dont le total s'élevait à douze millions de livres, ont été créés, avant l'apparition des petits assignats, pour suppléer la monnaie métallique, qui avait totalement disparu.

Le « Journal de la Contribution Patriotique », année 1790 (A D, L. 1302), porte, au 22 may 1790 « Reçu de M Jⁿ Baptiste Roger au nom de Raison de Marie Brizard et Roger negᵗ mille Livres pour le tiers de sa contribution suivant la fixation ». La contribution totale de la Maison était donc fixée à 3 000 livres. Elle était payable par tiers, en 1790, 1791, 1792 (A D, L. 849) et, comme elle était du quart du revenu, le revenu *avoué* était de 12 000 livres. J'ai constaté que, sans être dans les tout à fait premières, elle était cependant bien au-dessus de la moyenne.

Beaucoup ont payé cette contribution avec du papier de commerce. Ainsi, le payement ci-dessus de Roger figure comme suit :

Billet de la Caisse d'escompte du 6 juillet 1787..	1 000 L
Intérêts acquis au 22 de ce mois.............	3.1.8
	1 003.1.8
La contribution n'est que de	1 000
Rembourcé............................	3.1.8

(¹) Ernest Labadie, *Les Billets de Confiance émis par les caisses patriotiques du département de la Gironde (1791-1793)*.

Voici un extrait du « Contrôle des Récépissés délivrés
par le Receveur du District » de Bordeaux « pour l'Emprunt forcé, Département du Bec d'Ambez ». Ce nom du
département nous reporte en pleine Terreur (A D, L. 1314
et 1315) :

| NUMÉROS DES RÉCÉPISSÉS | DATE des RÉCÉPISSÉS | DATE de L'ENREGISTREMENT des récépissés | NOMS des CONTRIBUABLES | SOMMES PAYÉES | | | MONTANT TOTAL des récépissés |
				En assignats	En espèces	En duplicatas de l'emprunt volontaire	
...	....	....	....	...	...	...	....
800	13 Prairial	1 juin	Marie Brizard	200	—	—	200 Livres
801	13 Prairial	1 juin	Roger	200	—	—	200
...	....	....	....	...	...	...	....

C'était en 1794. Les assignats commençaient à perdre
beaucoup de leur valeur.

Il résulte de la loi du 3 septembre 1793, qui a créé cet
emprunt, que la contribution de 200 livres de Marie Brizard, célibataire, correspond à un revenu de 2 500 livres,
tandis que la contribution égale de Roger, qui avait à sa
charge femme et trois enfants (ou même davantage),
correspond à un revenu de 7 000 livres (ou plus) (¹).
Ce partage inégal des bénéfices était sans doute simulé et
concerté, pour payer, au total, le moins de contribution
possible ? En supposant partage égal des bénéfices, en effet,
Marie Brizard aurait payé 1 500 livres et Roger, néant :
ensemble, 1 500 livres, au lieu de 400. Le revenu
avoué par Marie Brizard et Roger, ensemble, était donc
9 500 livres, ou plus, en 1794. Il était donc peu inférieur
(ou égal) à celui de 12 000 livres *avoué* en 1790. On ne peut
douter, cependant, que dans cet intervalle, leur Maison
avait énormément souffert des événements intérieurs et

(¹) Consulter : Brouillard, *Impositions extraordinaires sur le Revenu
pendant la Révolution*. Thèse de droit. Bordeaux 1910, p. 78.

de la guerre maritime. Leur déclaration de 1790 n'était peut-être pas très sincère? Ou bien ils étaient contraints, en 1794, de déclarer autant qu'en 1790 ?

———

VIII

La Terreur :

Incarcération des Belloumeau et De Marin

On raconte que, pendant la Terreur, Marie Brizard osa cacher des prêtres. Un soir, l'un d'eux, au moment de rentrer, s'aperçut qu'il était suivi. Très effrayé, il imagina de contrefaire l'ivrogne et c'est en titubant qu'il entra chez Marie Brizard et Roger. « Ce n'est qu'un ivrogne, dirent ses espions, et il veut encore boire! il s'adresse bien ! » ([1]).

Si l'on avait découvert que Marie Brizard cachait un prêtre, elle aurait certainement payé de la vie cet acte de dévouement. En parcourant les dossiers de la période révolutionnaire (A D), je n'ai trouvé parmi les incarcérés de la Terreur, aucun Roger, ni aucun Brizard, ni Dalheu, ni Biguey. Une « Jeanne Teissier », sans autre indication, figure sur une liste d'incarcérés à Bordeaux (A D, L. 2204). Ont été incarcérés aussi, deux Belloumeau, tous deux de Bourg et, par conséquent de la même famille ou, tout au moins de la même souche que la seconde femme de Martial.

L'un, probablement son frère, était juge du Tribunal de District, à Blaye. Accusé de fédéralisme, il a été incarcéré, par ordre du Comité de Bourg, dans le Palais Brutus, à

([1]) Cette anecdote a été racontée à mon beau-père, M. Glotin, par un vieux prêtre. Cacher un prêtre était l'acte héroïque par excellence sous la Terreur.

Bordeaux, au début de nivôse an II, c'est-à-dire en décembre 1793 (vieux style) (A D, L. 2204 et 2231). Il a été remis en liberté après le 9 thermidor (A M, Fonds A. Vivie, t. 17).

L'autre, Jean Belloumeau, maire de Tauriac, à 6 kilomètres de Bourg, a été incarcéré à Bourg, le 18 pluviôse an II, par ordre du Comité de Surveillance de sa commune (A D, L. 2231) : dans chaque commune, des citoyens dévoués étaient groupés en « Comité de Surveillance » des autres (création du décret du 21 mars 1793). Voici la dénonciation qui a motivé cette mesure ; elle est du 11 pluviôse an II, c'est-à-dire du 30 janvier 1794 (V. S.) :

« Aujourdhuy onze pluviose Lan Deuxieme De La Republique françoize Lune et jndivissible

» je sougne Declare apres avoirs antandu Le Raports Du Citoyen Jaques Rullau Disant quil auroit antandu Dire au Citoyen jean Belloumau maire et préséptoeur De La Commune de tauriac que sils falloit party pour La Republique jls se metroit plutots ans toites [en tête] pours Les Emigres, plutots que de soutenirs La Republiques francoize Dizan au surplus quil Niroits jamais se Confaissey à Des praitres quy auroits faits Loeurs sermans.

» [Signé :] Pineau   Rullau a prouvant
                           Lecriture jcy desus

» Declarant au surplus Le Citoyen jaques pineau avoir Entandu dire au Citoyen marc maynare, et Le Citoyen antoine pineau, que jean Berlan, auroits antandus dire au Citoyen jean Belloumau maire et préséptoeure De Laditte C^{me}, Venant de La Chasse du toeur jls auroits dits au Citoyen philibert motuy cy devan curé De La Commune de tauriac, monsieurs Nous Les auronts Le Curé Luy auroit Répondu Ne parlons pa de Sa, auroit Repris La parolle Sifaits, on va prandre toutes La jeunesse et après Nous auront affaire au vieu.

» Declarant au surplus Le Citoyen jacques pineau
que le Citoyen jean moussau, auroits antandu Dire
au Citoyen jean Belloumau, maire de la Cⁿ que
depuis quils Etoits maire de Laditte Commune jls
faisoits voirs Noirs Ce quy Etoits Blan, et ce quy
Etoits Blan jl faisoit voirs Noirs comme La suy

» De tous quoy Nous avon Dressé Le presan verbal
Ledit jours moy et ân que dessus et ân Lautre part
à tauriac Ce 11 pluviose 1794 Lan 2ᵐ De La
Républiques francoize

» [Signé :]   Pineau   manbre du Comité
                                    de surveilla »

Le *toeur* que chassait Belloumeau, est la *grive*, car,
dans la région de Bourg, on désigne la grive sous le nom
de *tour* ou *touret*.

Dans un « Mémoire justificatif » du 17 du même mois,
Jean Belloumeau nie toutes ces accusations. Il ajoute :

« Le dit Rulleau obigé comme moi de faire
exécuter les lois et notamment celles des cinq may
et onze septembre dernier (V. S.) fut obligé de
faire des visites ches les citoyens possesseurs des
grains, en Concequance je feus nommé pour visiter
ches lui, y ayant trouvé des subsistances En grain,
il m'auroit des lors gardé une haine éternelle.....
decadi dernier je fus porteur du recencement des
grains de cette commune aux delegues des
Representans du puple alors a bourg, qui
m'autoriserent de faire porter les grains farines et
autres subsistances à la maison commune m'étant
transporte ches ledit Rulleau je lui demandai la
farine qu'il pouvoit avoir, il me Repondit n'avoir
que du pain cuit, je lui dis alors, il faut le péser,
pour que vous soyes taxé suivant larrete des
délegués du puple en dacte de decadi dernier. ce
fut alors qu'il m'invectiva de mauvais propos, ce
qui m'obligea d'écrire de suite aux delegués pour
les inviter de venir mettre lordre dans cette

commune, la lettre finie, il Rentra dans lordre, et elle ne feut pas Envoyée. »

En résumé : Conformément à la loi d'après laquelle tous les grains et farines seront transportés à la mairie pour y être ensuite distribués suivant une certaine ration, le maire Belloumeau réquisitionne, le 11 pluviôse, la farine de Rulleau. Celui-ci résiste et Belloumeau menace de le faire contraindre. Le jour même, Rulleau dénonce Belloumeau, l'accusant de vagues propos contre-révolutionnaires. Cinq jours après, le 16, les paysans qui composent le Comité de surveillance de la commune de Tauriac, prenant naturellement parti dans cette question pour Rulleau, votent, à l'unanimité, l'incarcération du contre-révolutionnaire Belloumeau, et cette mesure est réalisée le surlendemain.

La famine, la réquisition des grains et farines et leur cortège de vexations jouent un grand rôle à cette époque.

Les Vitrac, dont il a déjà été question, au sujet de Paul-Alexandre Brizard, cachaient de la farine dans leurs traversins, pour la sauver des réquisitions et des visites domiciliaires (F D).

Dans une *Histoire* (manuscrite) *de la Libarde*, hameau de Bourg, M. Joseph Berniard donne les détails suivants : On réquisitionne, avec visites domiciliaires, puis l'on distribue, en rations très réduites, la farine qui en résulte. Cette farine n'est pas donnée, elle est vendue, 4 à 5 sous la livre, sauf à ceux auxquels on a réquisitionné; à ceux-là, on la donne jusqu'à épuisement de la quantité qui leur a été prise. — « Le 28 pluviôse (16 février 1794) on fait une distribution de farine, ainsi : les hommes de travail ont droit à une livre et les femmes et enfants à une demi-livre ». — « Quand il était distribué une livre de farine par jour à chaque individu et une provision pour quinze jours, c'était la vie. Mais quand tous les cinq jours, tous les huit jours et moins souvent encore, on distribuait par personne demi-livre de farine de fève ou de maïs, n'était-ce pas la misère noire ? » — « On a lu que des réquisitions de grains furent faites à domicile. Les particuliers qui avaient pu s'en garder au prix de mille expédients étaient ensuite obligés de se cacher bien plus soigneusement encore pour convertir ce grain en farine (les moulins à café servaient pour la mouture) et surtout pour faire disparaître l'odeur du pain frais. Le pain ou les galettes se faisaient la nuit, et ensuite on grillait du café. »

A Bordeaux, à la fin d'août 1793, les habitants sont réduits à 7 onces (c'est-à-dire 214 grammes) de pain par jour (A M, Fonds A. Vivie, t. 8). Une pièce du 7 septembre 1793, sur les subsistances de la ville et de ses environs immédiats, soit 120 000 habitants, porte : « Vous savez que 1 200 mille livres, fruits d'une généreuse souscription, ont été entièrement consommés au bout de neuf mois.... vous savez également qu'une nouvelle souscription, faite au commencement du mois dernier, a produit 650 mille livres..... Eh bien, Citoyens ! ces 650 mille livres seront sous peu de jours entièrement absorbées... » Et, en effet, la ville, pour permettre aux boulangers de vendre le pain à un prix acceptable, leur cède à 35 livres le boisseau de froment qu'elle paye 70 livres, d'où perte de 42 000 livres par jour. (A M, Fonds A. Vivie, t. 8.)

La Révolution, *moderne* pour les idées politiques et philosophiques, me semble avoir été très *ancien régime* pour les questions économiques. Pour les assignats, le maximum, le commerce, elle a eu autant d'illusions que Louis XIV ou Louis XV sur le pouvoir de l'État.

Un De Marin, âgé de 67 ans, « né dans la caste nobiliaire et père de deux Enfans Émigré », est resté incarcéré, à Bourg, pendant plus d'un an. A la fin de 1794, plusieurs mois seulement après la chute de Robespierre, il a obtenu d'être mis en « Liberté sous surveillance ». (A D, L. 2205.)

IX

La Veuve Roger

« Est mort ce matin à sept heures Jean Baptiste Roger, soixante quatre ans, époux d'Anne Brizard, rue du Pont de la Mousque 14.... Bordeaux le 19 prairial an trois Républicain ».

Le 19 prairial an III est le 7 juin 1795.

L'inventaire après décès, du 27 prairial et jours suivants, nous apprend que la Maison avait un approvisionnement de liqueurs évalué à 30 000 livres (probablement en numéraire, et non en assignats, ainsi qu'il semble résulter d'autres évaluations de l'inventaire) ; que le nombre des alambics s'élevait à quatre ; qu'il y avait, au bureau, quatre sièges seulement ainsi qu'une grande table à quatre pupitres, d'où résulte que le nombre des employés de bureau était de quatre, patrons compris. Tous ces faits tendent à démontrer que l'importance de la Maison était le cinquième ou le dixième de ce qu'elle est actuellement. Il ne faut pas perdre de vue que l'on était en pleine Révolution, au sortir de la Terreur, et que les affaires devaient être fort réduites.

Le 16 floréal an IV (5 mai 1796), la citoyenne Marie Brizard, alors âgée de 82 ans, a cédé tous ses intérêts dans la Société à la citoyenne Anne Brizard, veuve Roger, agissant en son nom et en celui de ses enfants (Minutes de Me Maillères, actuellement chez Me Castéja). Marie Brizard a vendu ainsi la moitié de la maison de la rue du Pont-de-la-Mousque et la moitié de la verrerie de Bernos, dans la région de Villandraut.................... 40 000 livres
plus, la moitié de l'actif de la Société..... 52 000 »

Ensemble....... 92 000 livres
Dont à déduire la moitié du passif........ 87 242 »

Reste.......... 4 880 livres
que la veuve Roger a payées à Marie Brizard.

Les meubles et marchandises ne sont pas compris dans cet acte : ils avaient été partagés en nature.

Il est de tradition que la veuve Roger se fit aider dans son commerce par Fulcrand Fave, le mari de sa fille aînée, et par Jean-Baptiste-Augustin Roger, son fils, l'aîné, et que leurs gestions furent désastreuses.

J'ai trouvé, en effet, dans les répertoires de Mᵉ Maillères, de nombreuses procurations que « la citoyenne Anne Brizard Vve de Jean-Baptiste Roger » a données au citoyen Fulcrand Fave, son gendre : 14 prairial an V ; 24 fructidor an VI ; 11 germinal an VII ; 17 brumaire an XI ; et révocation 26 nivôse an XII. Je n'en ai trouvé aucune au citoyen Jean-Baptiste-Augustin Roger, mais d'autres pièces montrent qu'il a géré la Maison Marie Brizard & Roger jusqu'au jour où, à la fin de l'an XII, il a été arrêté pour complot royaliste. Ses frères, Augustin et Théodore, l'ont alors remplacé dans la gérance de la maison, rendue particulièrement difficile par ce fait que les livres avaient disparu, soit parce que la police les avait saisis, soit parce que Jean-Baptiste-Augustin les avait détruits à cause des preuves de sa culpabilité qu'ils contenaient (¹).

X

Jean-Baptiste-Augustin Roger, conspirateur

Jean-Baptiste-Augustin Roger n'a cessé de conspirer, avec la plus grande énergie, jusqu'au retour des Bourbons :

L'organisation de l'Institut royaliste (sous le nom d'Institut philanthropique) formé à Bordeaux en vertu

---

(¹) Le Commissaire général de Police de Bordeaux, par lettre du 3ᵉ jour complémentaire an XII, écrit : « J'ai fait faire une visite exacte au domicile de Roger, j'y ai fait saisir tous ses livres, papiers, etc., et l'ai fait arrêter » (Archives nationales, F. 7. 6356).

D'après un Mémoire rédigé par Augustin et Théodore Roger, en

de la lettre de son Altesse Royale Monsieur, adressée à Mme la Marquise de Donissan, en 1796, porte : « Roger, Capitaine de la Compagnie des guides à cheval » dans l'armée insurrectionnelle (surtout en projet) de Bordeaux.

Roger prend part à des entreprises ayant pour objet de faire évader des émigrés que l'on allait exécuter.

Roger expédie, en Vendée, des sacs de poudre dissimulés dans des balles de laine, pour préparer une insurrection. Il est arrêté le 1er jour complémentaire de l'an XII (18 septembre 1804), emprisonné à Bordeaux et traduit devant une commission militaire, à Nantes, qui l'acquitte faute de preuves, le 23 frimaire an XIV (14 décembre 1805). C'est l'affaire dite « Des Plombs ou de l'Agence anglaise de Bordeaux » (1).

Roger prend part à un complot pour faire évader Ferdinand VII d'Espagne, de passage à Bordeaux, dans son transfert à Valençay.

En 1809, Roger, déjà sous la surveillance de la haute police depuis l'affaire de 1804, est emprisonné quelques jours parce qu'on le soupçonne, à tort, d'avoir fait partie du complot formé par ses amis pour livrer Pampelune aux Espagnols.

1826, leur frère, le conspirateur, au moment d'être arrêté, a brûlé beaucoup de papiers de la Maison, qui l'auraient compromis (MBR).

Le dossier du complot donne de nombreuses preuves que c'était Roger, le conspirateur, qui dirigeait la Maison Marie Brizard & Roger (Arch. nat.).

(1) Ernest Daudet a longuement raconté cette affaire dans son ouvrage : « *La Police et les Chouans sous le Consulat et l'Empire* ». Voir aussi Caudrillier : « *L'Association royaliste de l'Institut philanthropique à Bordeaux* ».

Les autres sources où je me suis renseigné sur les faits et gestes de l'incorrigible conspirateur Roger sont principalement :

Ernest d'Hauterive : « *La Police secrète du Premier Empire. Bulletins quotidiens adressés par Fouché à l'Empereur en 1804-1805.* »

Archives nationales : « *Police générale, Affaires politiques* », (F. 7. 6356 et 6358).

Rollac : « *Exposé fidèle des faits authentiquement prouvés qui ont précédé et amené La Journée de Bordeaux au 12 mars 1814* ».

« *Étrennes Royales bordelaises pour l'An de Délivrance 1814* ».

« *Étrennes Royales de la Ville de Bordeaux pour l'An 1818* ».

Albert Mengeot: « *Le Brassard de Bordeaux* ».

En novembre 1813, il est obligé de se cacher, à Bordeaux, chez un ami « Capitaine de la Compagnie d'élite de la garde royale Bordelaise ». Il a pour compagnon de solitude, un conscrit réfractaire que cet ami avait accueilli chez lui pour le soustraire aux recherches de la gendarmerie.

La même année, ayant organisé une compagnie de « Chevau-Légers de la garde royale bordelaise », il reçoit le brevet suivant : « Mr Roger, je vous fais savoir que j'ai été chargé, par un ordre de S. M. Louis XVIII, qui m'a été transmis par ses ministres à Londres, d'organiser un corps royaliste dans la province de Guyenne et que...... je vous ai désigné pour commander la Compagnie de cavalerie que vous avez formée d'après mes ordres........ Bordeaux le 20 septembre 1813 ».

Son fils, brigadier fourrier dans cette compagnie, se cache chez le même ami, de novembre 1813 à mars 1814, pour se soustraire à la conscription.

En 1814, Roger prend une part des plus actives à l'entrée des Anglais à Bordeaux et à la proclamation de la royauté de Louis XVIII, événements qui eurent lieu le 12 mars et amenèrent les alliés à ne pas traiter avec Napoléon ou la Régence et à reconnaître Louis XVIII. Roger contribue ainsi à procurer à la France la meilleure solution qui fut compatible avec les circonstances. En conséquence de son action, Roger reçoit de Louis XVIII, ainsi que son fils, la « Décoration du Brassard », qui porte les mots « Bordeaux 12 mars 1814 ».

En même temps, il est liquoriste. Il figure ainsi dans le Registre de la Conscription de 1815, où est inscrit son fils (A M).

En 1816, il est colonel d'une division de gendarmerie et chevalier de Saint-Louis. Jadis conspirateur déjouant la surveillance de la police, il devait connaître toutes les ruses.

Il avait épousé une demoiselle Françoise Fontémoing, fille de Mathieu Fontémoing, négociant de Libourne (¹).

(¹) Deux Fontémoing, de Libourne, ont été condamnés par la Terreur (20 et 21 brumaire an II) : l'un, Jean-Baptiste, fils, 25 ans,

Son fils, Eugène Roger, fut écuyer du Comte de Chambord, à Frohsdorf. Rentré en France, près de Bordeaux, il continuait à régler sa montre sur l'heure de Frohsdorf et il refusait d'aller voir un de ses amis, directeur des Douanes, parce qu'il lui aurait fallu passer sous le drapeau tricolore qui surmontait la porte. Sa vie devait être compliquée !

Après cette longue digression, revenons auprès de la veuve Roger lorsque son fils, le conspirateur, vient d'être écroué.

XI

La Maison Marie Brizard & Roger à l'époque du premier Empire

Par acte passé par Me Maillères, le 10 prairial an XIII (30 mai 1805) (M B R) et par acte sous-seing privé du même jour (M B R), Anne Brizard, veuve Roger « sentant le besoin de repos » et « motif..... pris de ce que les pertes que ladite dame Roger a éprouvées dans son commerce lui laissent à payer à ses divers créanciers un passif qui excède de beaucoup les effets restés entre ses mains », cède à ses fils Basile-AUGUSTIN et Bernard-THÉODORE tous ses intérêts dans la Société et sa part de l'immeuble, moyennant une rente viagère de 3 000 francs.

Par acte sous-seing privé du 20 février 1807, un M. Bonfils consentait à faire une avance de 15 000 francs

---

sans état, à la détention jusqu'à la paix, exposition, et 60 000 francs d'amende dont 5 000 pour les sans-culottes des sections de Libourne ; l'autre, Jean, 52 ans, homme de loi, à la détention jusqu'à la paix. (*Hist. de la Terreur à Bordeaux*, par A. Vivie, t. II, p. 68, 69 et 367).

à la Société Marie Brizard & Roger, à condition d'être
intéressé pour un vingtième dans toutes les ventes de
liqueurs (M B R). Par un autre acte sous-seing privé du
1er janvier 1808, M. Bonfils avançait encore 20 000 francs
moyennant un intérêt supplémentaire de 15 % dans les
ventes (M B R). Ces combinaisons avaient été précédées
par d'autres analogues, par exemple, avec un M. Paul
Baignol, le 22 prairial an XIII (M B R). Ces prélèvements
et, plus encore peut-être, l'introduction d'étrangers, ont
lourdement pesé sur la Société.

La Révolution et l'Empire avaient eu pour la Maison
Marie Brizard & Roger, de même que pour tout le
commerce de Bordeaux, des conséquences désastreuses.
Il fallut vendre tous les immeubles : la maison de campagne de Talence; la maison à l'angle de la rue et du
cours du Chapeau-Rouge, héritage de George Roger; et
même, le 28 août 1807, la maison de la rue du Pont-de-
la-Mousque, domicile de la famille, berceau et siège de la
Maison ! Ce dernier immeuble fut payé 45 500 francs, en
pièces d'argent, du poids de 227 kilog. Mais les vingt-sept
hypothèques qui le grevaient s'élevaient à près de cinq
fois cette somme. Malgré toutes ces ventes, Anne Brizard
et ses fils succombaient sous leurs dettes. Tout les acca-
blait. Fulcrand Fave en discussions d'intérêts avec sa
belle-mère, Anne Brizard, avait fait saisir, les 3, 4, 5,
7 et 8 brumaire an XIII, tous les meubles de la maison
de la rue du Pont-de-la-Mousque, depuis les bouteilles
d'anisette et les alambics, jusqu'aux draps et tables de
nuit. (Le tout : A M, dossier d'expropriation pour la place
·Gabriel, 1864).

J'ai pu me procurer quelques factures de cette
époque :

Une facture du 29 vendémiaire an X (21 octobre 1801)
(M B R) porte :

90 bouteilles anisette à 3ʳ25...............F.   292,50

Pour acquit par procuration de Brizard veuve Roger

[Signé :]   Fave

Une facture du 10 octobre 1806 (M B R) porte :

15 bouteilles anisette fine à 3ᶠ...........F.	45	»
Caisse et corde...	2,15	
Droits réunis.	2,35	
	49,50	

Une facture du 23 juin 1809 (M B R) :

25 Bᴵˡᵉˢ anisette fine 1/2 rouge à 3ᶠ75.......F.	93,75	
Caisse et corde............................	3,50	
Droits réunis, etc	1,35	
	98,60	

Une, du 22 décembre 1809 (M B R) :

3 bouteilles	anisette surfine		
3	dᵒ	fine orange	
3	dᵒ	girofle	
1	dᵒ	angélique	
1	dᵒ	crème de Barbade	
1	dᵒ	huile d'absinthe	
		à 4ᶠ75............F.	57 »
Caisse, corde et port.......................			2,40
Droits réunis, congé et quittance			5,50
			64,90

Un prix courant de Marie Brizard & Roger, daté du 15 juin 1811, qui m'a été donné par mon beau-frère Adrien Promis, comprend 28 liqueurs parmi lesquelles :

Superfines . Anisette surfine ou huile d'anis. F.	6,50	
Fines. Anisette blanche.................	5,50	
— .. Anisette violette................	5,50	

L'on voit que le prix de la bouteille d'anisette, qui était arrivé à 40 sous seulement au début de la Révolution, a monté rapidement sous le règne de Napoléon Iᵉʳ.

Le prix du sucre a beaucoup contribué à cette augmentation. Par suite du blocus continental, il était devenu exorbitant.

La Société Marie Brizard & Roger a payé les 100 livres de sucre (M B R) :

En mars 1811........................F.	400	»
En novembre 1812......................	462,50	
En décembre 1813.....................	475	»

Le 5 mai 1814, quelques jours après la chute de Napoléon, seulement 130 francs (1).

Le prix du sucre a une importance considérable pour celui de l'anisette, parce qu'une bouteille d'anisette, de 3/4 de litre, contient 385 grammes de sucre.

La bouteille d'anisette se vend actuellement 2 fr. 75 et l'impôt sur l'alcool, à ajouter, s'élève, par bouteille, à 0 fr. 75 si la bouteille est livrée à Bordeaux (État et Ville) et à 0 fr. 45 si elle est expédiée hors Bordeaux (État seul).

En comparant ces prix à ceux de la période napoléonienne, on trouvera que l'anisette est vendue maintenant moins cher par la Maison, mais que le fisc est devenu plus exigeant.

« Aujourd'hui 13 août 1820, le commissaire aux décès de l'état civil soussigné s'est transporté rue du pont de la mousque N° 32, et s'est assuré que la dame Anne Brizard, âgée d'environ 76 ans, née à Brest, département du finistère, veuve de feu Jean Baptiste Roger, négociant,... était morte ce matin à 4 heures ».

En réalité, elle avait environ 73 ans.

---

(1) Il serait intéressant de comparer ces prix du sucre à ceux d'époques plus anciennes et plus récentes.

Actuellement (1913) le sucre raffiné coûte 70 francs les 100 kilos, dont 25 francs de droits.

Martial Brizard évalue, en 1768, à 56 livres les 100 livres, le sucre qu'il a en magasin (A D, Me Cheyron, 15 mars 1771). Mais nous ignorons s'il employait du sucre raffiné ou bien si, moins exigeant pour la transparence de son anisette, il ne se contentait pas de cassonade, choisie parmi les moins impures.

XII

La Maison Marie Brizard & Roger
depuis la Restauration

Réduite à presque rien par la Révolution et l'Empire,
la Maison Marie Brizard & Roger reprit un peu dans la
période de grande activité commerciale qui fut amenée
par la paix, à la Restauration. Malheureusement, Augustin
et Théodore Roger s'occupaient plus de littérature, pein-
ture et papillons que de commerce. Ainsi, Augustin,
membre de l'Académie de Bordeaux ([1]), a obtenu une
médaille à l'Exposition des Beaux-Arts de Bordeaux, en
1827 (*Histoire du Musée de Bordeaux*, par De la Ville
de Mirmont, t. I., p. 508), médaille qui est en possession
de mon beau-frère Édouard Glotin. D'après Léo Drouyn
(*La Guienne militaire*, t. I, p. 77), il « était un des premiers
aquarellistes de son époque », appréciation qui, à en juger
par les paysages d'Augustin que j'ai vus, ne paraît pas
exagérée : les lointains, surtout, sont merveilleux. La collection de papillons, objet des soins de Théodore, était si
belle que, en 1840, après son décès, la Ville de Bordeaux
l'a achetée au prix de 10 000 francs ([2]). Toutes les après-

([1]) Voir le discours que j'ai prononcé pour ma réception à cette
Académie, le 12 mai 1910.

([2]) Extrait d'une lettre, en ma possession, écrite, le 14 mai 1830,
par ma grand'mère, Mme Partiot, habitant alors Bordeaux, à sa mère :
« MADAME LA Ctesse DE LA VILLE, rue des Trois frères n° 5, Paris.
» Je viens d'aller avec mon mari, Léon et Mr le Grand voir une
bien belle Collection de Papillons et d'insectes chez Mr Roger,
le liquoriste, frère de celui qui faisait de si belles aquarelles et qui
est si cruellement paralisé depuis trois ans. Ce Mr, faiseur d'anisette,
est extrêmement intéressant. Très savant en histoire naturelle et très
bon musicien, il a réuni avec une patience singulière une collection
de 9 mille insectes et d'autant de Papillons qui sont vraiment des
plus beaux qu'il soit possible de voir. Des capitaines de ses amis
lui en ont apportés de tous les pays..... On dit que cette Collection
vaut une 20^{ne} de mille francs... Ce Mr est en correspondance suivie
avec tous les amateurs d'insectes qui existent... »

midi, les beaux esprits se réunissaient dans le bureau. Le client qui entrait alors était considéré comme un gêneur. La Maison fut loin de prospérer. La crise commerciale de 1830 consomma sa ruine : il fallut liquider. Chacune de nos Révolutions, conquête inappréciable, dit-on, pour l'esprit humain, a provoqué une crise commerciale désastreuse ! (¹)

Augustin Roger était mort en 1830, après être resté paralysé pendant plusieurs années. Par acte sous-seing privé du 2 août 1831 (M B R), la veuve Augustin Roger, en son nom et au nom de ses enfants, renonça, en faveur de Théodore Roger, aux droits qu'elle croyait avoir sur la marque, moyennant une rente annuelle de 2 000 francs. Cette faible somme était presque son unique ressource. Elle la mettait en pièces de cent sous. Ardente légitimiste, elle dépensait d'abord celles de la République, puis celles de Napoléon et de Louis-Philippe. Lorsqu'elle entamait les pièces à l'effigie de Louis XVIII et de Charles X, ses filles en concluaient qu'elle était bien près de la fin. Ces 2 000 francs ont été payés jusqu'au décès de Palmyre Capelle (†1884), dernier survivant des enfants d'Augustin (²).

Théodore restait « liquidateur de la Société à ses périls et risques ».

Théodore avait un fils et deux filles. Le fils, Paul, peu sérieux, est parti pour l'Amérique en 1835. Il y est mort bientôt après. Les deux filles, Laure (³) et Amélie, ont

---

(¹) La Révolution de 1830 a fait baisser la rente 3 % de 85 francs à 55 francs. Le crédit de l'État subissant cette énorme dépréciation, celui des particuliers devait être bien réduit. En 1848, la situation a été encore pire : du 3 janvier au 5 avril, la rente 3 % a baissé de 75 fr. 20 à 32 fr. 50 ! Mais alors la Maison Marie Brizard & Roger était plus solide : Mme Marc Achard rappelait souvent qu'elle porta l'argenterie en gage au banquier Gomez, qui, avec des paroles aimables, la refusa et ouvrit un crédit suffisant.

(²) Palmyre avait trois sœurs : Augustine (†1833), Euphrasie (†1859) et enfin Mélasie († 1854), qui avait épousé M. Théodore Drouet. Mélasie devait son prénom à sa marraine, qui l'avait reçu elle-même à la Louisiane, où il était en usage, surtout, il est vrai, pour les négresses. En grec : *Mélas* signifie *noir*.

(³) Je possède le très captivant « Journal » où Laure Roger a écrit sa vie, presque jour par jour, depuis 1827 jusqu'à son mariage,

épousé : l'une M. Edouard Legrand, de Rochefort, alors sous‑commissaire des Subsistances de la Marine à Bordeaux (¹); l'autre, M. Marc Achard, de Genève, dont le père, après beaucoup de pérégrinations, s'était fixé à Bordeaux (²). Marc Achard remplaça, très avantageusement, son beau-frère Paul dans la Maison. A la mort de Théodore Roger, survenue en 1838, la Maison devint la propriété de Mesdames Édouard Legrand et Achard. Mme veuve Augustin Roger avait confirmé, à leur profit, par acte sous-seing privé du 15 septembre 1838 (M B R), l'accord de 1831, et leur frère Paul avait renoncé à la succession, ayant été désintéressé, dit-on, avec le prix des

---

en 1833. Il contient des renseignements fort intéressants et fort nombreux, non seulement sur la famille, mais aussi sur les usages et les événements bordelais.

(¹) Ce mariage n'aurait pas eu lieu si Édouard Legrand n'avait pas habité Bordeaux. Mais pourquoi Édouard Legrand, qui était de Rochefort, est-il venu habiter Bordeaux? La lettre suivante (M B R) va nous l'apprendre :

<table>
<tr><td>

MINISTÈRE
DE LA
MARINE ET DES COLONIES
—
ADMINISTRATION
DES SUBSISTANCES
—
Personnel
—
Envoyer l'élève Le Grand
à Bordeaux

</td><td>

PARIS, le 30 Novembre 1822.

MONSIEUR,

J'ai reçu votre lettre du 25 de ce mois, N° 14.

</td></tr>
</table>

L'Élève Le Grand ayant fait l'hyver dernier un cours de fabrication de lard salé à Cherbourg, je juge utile de lui faire suivre la confection de bœuf salé qui va s'exécuter à Bordeaux. Vous voudrez donc bien l'envoyer immédiatement dans ce dernier port où il jouira, pendant son séjour, de la même indemnité mensuelle qui lui a été payée à Cherbourg.

Recevez, Monsieur, l'assurance de ma considération distinguée.

L'Administrateur des subsistances de la Marine,
DE COURSON.

A Mr le Directeur des subsistances de la Marine, à Rochefort.

(²) Le frère de M. Marc Achard a représenté, pendant quelque temps, la Maison Marie Brizard & Roger. Mais il n'avait pas d'aptitudes pour le commerce. Il s'est occupé activement de politique. Très républicain, il a été apprécié par les électeurs de Bordeaux, qui l'ont choisi, de longues années, pour député. Son nom a été donné à une rue de Bordeaux.

papillons, ce qui paraît difficile, car il est mort avant que leur vente fut parfaite. M. Achard (aidé par sa femme comme comptable) consacra tous ses soins à la Maison et parvint à la remonter. M. Édouard Legrand, qui s'en occupait autant qu'il était compatible avec ses fonctions de Commissaire de la Marine, prit sa retraite, en 1854, à l'âge de 52 ans, pour ne plus être distrait de ce travail.

M. et Mme Édouard Legrand ont eu une fille, Suzanne, et un fils, Emmanuel.

Suzanne, née en 1835, a épousé, en 1856, M. Pierre Glotin, lieutenant de vaisseau, qui a donné sa démission, peu après, pour s'occuper de la Maison. Ils ont eu sept enfants : Marie (Fonade), Édouard, Olivier, Jeanne (Harlé), Marguerite (Promis), Louise (Philippon) et Paul.

Emmanuel a épousé Mlle Girard. (¹), de Rochefort. Il était rentré, dès la fin de ses études, dans la Maison, et a beaucoup contribué à son grand essor actuel. Il n'a pas eu d'enfants.

M. et Mme Achard n'ont eu qu'un enfant, Théodore. C'est le père de Madeleine (Jacmart), Marcelle (Boulart) et Roger. Théodore Achard s'est occupé aussi de la Maison toute sa vie.

Par un arrangement de famille, de 1868, la Maison a été constituée en trois parts égales, associées : une à Théodore Achard, une à Mme Glotin, née Suzanne Legrand, l'autre à Emmanuel Legrand. Ce dernier étant mort, en 1881, a laissé sa part à son neveu Édouard Glotin, dont il appréciait les aptitudes commerciales. La part de Théodore Achard appartient, depuis son décès, en 1894, à sa veuve et à ses enfants. Enfin, en 1904, Mme Glotin a cédé la sienne à son fils Paul.

(¹) Catholique, née d'un père protestant et d'une mère catholique qui, en se mariant, avaient convenu que les enfants seraient catholiques. La mère elle-même était née d'un père protestant et d'une mère catholique, qui avaient convenu aussi que leurs enfants seraient catholiques. Et ainsi toute la descendance de protestants zélés est catholique.

XIII

Immeubles occupés successivement par la Maison
Marie Brizard & Roger

La Maison de commerce MARIE BRIZARD & ROGER est restée, jusqu'en 1840, comme propriétaire, puis comme locataire, dans l'immeuble de la rue du Pont-de-la-Mousque où Marie Brizard l'avait installée au début, près d'un siècle avant. Une ordonnance des Maire et Jurats, du 27 novembre 1789, ayant décidé que toutes les maisons de Bordeaux seraient numérotées (A M, Jurade) (¹), celle-ci a reçu le numéro 14 *bis*.

Ce numéro a été changé en numéro 32, par un premier remaniement, et en numéro 1 par le dernier qui ait été effectué. Cette maison était à l'angle de la « Rue du Chapeau Rouge ». Elle a été expropriée, en 1864, au prix de 110 000 francs, pour élargir la rue du Chapeau-Rouge, dont le nom a été changé en celui de place Gabriel. Aussi, maintenant, la première maison de la rue du Pont-de-la-Mousque est-elle la maison suivante qui porte le numéro 3.

De cette maison, Marie Brizard & Roger s'est transporté au numéro 20 du cours du Chapeau-Rouge ; puis, en 1854, pour cause d'agrandissement, rue des Faussets, tout près de l'ancienne boutique de Martial ; enfin, en 1874, pour nouvel agrandissement, rue Fondaudège, numéro 130.

(¹) « Ordonnent..... que l'on commencera par la première maison de chaque rüe, qui sera marquée du numéro 1 : et les autres du même côté de la rüe par les numéros suivants ; que l'on reprendra ensuite à l'extrémité de la rüe par l'autre côté, en faisant suivre toujours les numeros, tout autant que la rüe portera le même nom. »

XIV

La rue Brizard

Le souvenir de Marie Brizard est conservé à Bordeaux par le nom d'une rue : la rue Brizard, située tout près du cimetière de la Chartreuse. Cette rue est tracée, en projet, sur un plan du 30 septembre 1784 (A M, 2920). Elle est tracée aussi sur un plan du 7 novembre 1809 (A M, 2921). Elle y traverse des « Possessions à Marie Brizard et Roger ». Elle y porte successivement le nom de rue Marie et celui de rue Brizard qu'elle a conservé. D'après le plan de 1784 et une ordonnance du 13 mai 1785 (A D, C. 4220), il devait même y avoir sur cet « Enclos » une rue Marie (c'est actuellement la rue Brizard), une rue Brizard (c'est actuellement la rue Larmée) et une rue Roger (n'existe pas). La délimitation des arrondissements de Bordeaux en vue de l'élection des Juges de paix, 8 brumaire an IV (A M, D. 115), comprend les rues « Brizard, Roger et autres dans ce quartier neuf ».

Le domaine dont il s'agit, avec habitation et chai, dit « maison noble de pont long », avait été acheté par Marie Brizard et Roger, le 21 août 1775, à Jeanne-Claire de Chabrignac et son mari Messire Étienne de la Marthonie (A D, Fatin J^e). L'acte porte, pour plusieurs des pièces, que le vendeur cède aux acquéreurs :

> « tous les fiefs et dépendances de sa d^e maison noble de pont long, avec les droits honorifiques et utiles qui peuvent y être attachés, en quelques lieux qu'ils puissent être situés et s'étendre, notamment deux deniers d'exporle (¹), la quote

---

(¹) *Exporle :* Droit payé au Seigneur féodal à chaque changement de Seigneur ou de tenancier. C'est seulement un droit recognitif de suzeraineté, donc un droit infime. Dans le Bordelais, il est presque toujours de deux ardits, c'est-à-dire deux liards.

part d'un denier tournois et un tiercon de vin fut et
lie Bois neuf portable dans le chai de lad⁰ maison
noble, de cens (¹) et rente foncière et directe et
solidaire, payable le dernier octobre de chaque
année, sur une maison et jardin attenant.... située
surd⁰ parroisse de St Seurin...... fief de la maison
noble.... »

Le lendemain, 22 août, Marie Brizard et Jean-Baptiste
Roger sont venus prendre possession, en présence des
notaires qui en ont dressé acte dans la forme accoutumée :

« .....dont du tout la d⁰ dem^lle Brizard et le d^t sieur
Roger ont pris la possession réelle, actuelle et
personnelle, par leur libre entrée dans les Batimens
où ils ont ouvert et fermé les portes Et fenètres,
allumé et éteint du feu, sont allés sur chacune des
pièces énoncées par led^t Contrat où ils ont pris des
poignées d'herbe et de terre qu'ils ont jetté en l'air,
coupé des seps aux vignes et sur le tout promené
et séjourné autant de tems que bon leur a semblé,
et fait divers autres actes poscessoires requis et
nécessaires au vu et seu de tous ceux qui l'ont
voulu voir et savoir sans aucun trouble opposition
ni empechement de personne quelconque, en signe
de lad⁰ acquisition et prise de possession d'icelle.
De tout quoi les dits sieurs Roger et dem^lle Brizard
nous ont requis acte. »

Cette visite, avec ses opérations singulières, était un
reste de droit romain, d'après lequel le transfert de
propriété ne s'effectuait que par la prise de possession.
Je n'ai pu savoir si la visite se faisait réellement ou bien
si l'on signait l'acte la constatant sans que personne prit
la peine d'aller à la propriété. Quoiqu'il en soit, transport
et acte ont été supprimés par le Code civil dont l'arti-
cle 1583 stipule que la vente est parfaite et la propriété
acquise à l'acheteur dès que l'on est convenu de la

(¹) *Cens :* Rente annuelle payée par le tenancier au Seigneur.

chose et du prix, quoique la chose n'ait pas encore été livrée.

Cette propriété a été vendue, le 8 prairial an III, par Marie Brizard et Roger, à Mathurin Guiraud, marchand, pour 150 000 livres, dont « ledit Guiraud en a payé et réellement délivré en assignats monnoie de cour celle de » 75 000 livres, les autres 75 000 livres devant être payées par lui « dans un mois ». Marie Brizard, et Anne Brizard après la mort de son mari, ont essayé, sans succès, de revenir sur cette vente. Elles ont notamment « observé » que ces dernières 75 000 livres, Guiraud « ne les avait payées que le huit vendémiaire an quatre et qu'à cette dernière époque les assignats présentèrent une perte énorme eu Égard même à l'Époque du huit praïrial ». Après divers changements, ce qui restaìt de ce bien, dit alors « Domaine de Plaisance », du nom d'un lieu de plaisir qu'on y avait créé, a été acquis par la Ville de Bordeaux, le 15 octobre 1864, pour y installer l'École d'Équitation et de Dressage. (Terrier de la Ville de Bordeaux, à la Mairie.)

———

XV

Lettres de Bourgeoisie de Martial Brizard

Voici copie des Lettres de Bourgeoisie de Martial Brizard aîné, que M. François Daleau possède, encadrées, dans sa maison de l'Abbaye, à Bourg. J'ai indiqué par des caractères en italique ce qui est écrit à la main. Tout le reste est imprimé :

« LES MAIRE, LIEUTENANT DE MAIRE ET JURATS, GOUVERNEURS DE BORDEAUX, Com-

tes d'Ornon, Barons de Veyrines (¹), Prévosts et
Seigneurs d'Eysines et de la Prévôté et Banlieue
d'Entre-deux-mers, Juges criminels et de Police,
à tous ceux qui ces présentes verront, Salut :
Savoir faisons, qu'étant bien et duement certains et informés des bonnes vie et mœurs,
prud'hommie, qualités de *Sieur Martial Brizard,
Négociant* habitant de cette Ville, pour être reçu
Bourgeois d'icelle. A ces causes et autres bonnes et
justes considérations à ce nous mouvans, avons reçu
et recevons par ces présentes le dit Sʳ *Martial
Brizard ainé* Bourgeois de la présente ville et cité
de Bordeaux, pour de ladite Bourgeoisie, droits,
honneurs, privilèges, exemptions, prééminences et
prérogatives y attribuées, jouir et user par ledit
Sʳ *Martial Brizard ayné* ses hoirs et successeurs à
l'avenir, tout ainsi et de même que les autres Bourgeois de la présente Ville ont accoutumé et doivent
jouir, A CONDITION EXPRESSE qu'ils n'avoueront
par fraude aucunes marchandises et denrées leur
appartenir, pour faire perdre les droits du Roi
ou de la Ville ; qu'ils ne feront convenir aucune
personne pardevant autres Juges que nous et nos
successeurs à l'avenir, Maire, Lieutenant de Maire
et Jurats en cause, dont la connoissance leur appar-
tiendra ; garderont et observeront de tout leur
pouvoir le statut et autres réglemens de la Ville,
sans y contrevenir, à peine de privation de ladite
Bourgeoisie ; lequel dit Sʳ *Martial Brizard* a fait à
ces fins le serment au cas requis et accoutumé ;
enquête de ses bonne vie et mœurs préalablement
faite devant Monsieur *Renard* Jurat, Commissaire à
ce député. Si donnons en mandement à tous nos
Officiers justiciers, prions ceux du Roi, qu'icelui

(¹) Les « Maire et Jurats de Bordeaux » avaient acheté le Comté
d'Ornon, en 1407, à l'Archevêque d'York, qui en était alors propriétaire,
moyennant 1 500 marcs sterlins et dix tonneaux de vin. Ils avaient
acheté la Baronnie de Veyrines en 1526.

dit Sr *Martial Brizard aîné* ses hoirs et successeurs
à l'avenir, laissent, souffrent, permettent pleine-
ment et paisiblement jouir de ladite Bourgeoisie,
droits, honneurs, privilèges, exemptions, prééminences et prérogatives y attribuées, sans leur
faire ni permettre leur être donné aucun empê-
chement contraire. Donné à Bordeaux, en Jurade,
sous le seing du Clerc-Secrétaire ordinaire de la
Ville, sceau et armes d'icelle, le *vingt quatrième*
du mois *de septembre* mil sept cent soixante *six*.

[*Signé*]   *Chavaille* »

TABLEAUX

GÉNÉALOGIQUES

JEAN BRISARD et JEANNE DUFOUR, à Arbis en Benauge.

PIERRE BRIZARD, né à Arbis le 14 avril 1679 ; † à Bordeaux le 9 janvier 1743 ;
marié, le 24 avril 1708, à JEANNE LABORDE, † 8 juin 1739.
Quinze enfants. Je citerai seulement :

MARIE, fondatrice de la
Maison MARIE BRIZARD & ROGER.
née 28 juin 1714 ;
† 16 pluviôse an IX (5 février 1801).
Célibataire.

MARIE, née 1718 ;
† 1799 ;
mariée à JEAN TEYSSIER,
Raffineur.

MARGUERITE, née 1719 ;
† 1795 ;
mariée à JEAN BIGUEY,
Tonnelier.

MARTIAL l'aîné,
né 31 mai 1720 ;
† 20 germinal an VIII
(10 avril 1800).

MARTIAL jeune,
né 20 avril 1727 ;
† 1762 à la Martinique.
Célibataire.

1er mariage, à Brest, en 1746, avec dlle GRANDE ;
† 1749. Deux enfants dont :

2e mariage, à Bourg, 1750 ;
avec MARIE BELLOUMEAU, née 1728 ; † 1768.
Sept enfants, dont :

3e mariage, 1771,
avec
MARIE DESPAIGNET.
Pas d'enfants.

ANNE BRIZARD, née à Brest, 7 mai 1747 ;
† à Bordeaux, 13 août 1820 ;
mariée, 13 juillet 1766, à JEAN-BAPTISTE ROGER,
né le 1er août 1731 ;
† 19 prairial an III (7 juin 1795).
Onze enfants, dont :

JEANNE, née 1753 ;
épouse DALHEU, 1773 ;
veuve 1774 ; † 1821.
Liquoriste.

PAUL-ALEXANDRE,
né 1761 ; † 1835.
Capitaine de navires.
(Suite, voir A.)

MARIE-ADÉLAÏDE,
née 1765 ; épouse
PHILIPPE DE MARIN.

Plusieurs enfants.

JEANNE-EULALIE,
née 17 avril 1769 ;
épouse, en 1786,
FULCRAND FAVE,
(Suite, voir B.)

JEAN-BAPTISTE-AUGUSTIN,
né 15 juillet 1770 ;
Conspirateur,
épouse dlle FONTÉMOING,
de Libourne.
Cinq enfants, dont :

EUGÈNE,
écuyer
du Comte de Chambord.

Plusieurs enfants.

AUGUSTIN, né 7 mars 1778 ;
† 3 août 1830 ;
épouse, le 23 messidor an XII (1804),
EMILIE LAURANS, née 1788 ; † 1861.

URBAIN,
né 1780 ;
mort
jeune homme.

THÉODORE, né 15 mars 1784 ;
† 21 août 1838 ;
épouse, le 22 octobre 1806,
LAURE LAURANS, née 1784 ;
† 24 décembre 1810.

EMILE, né 1806 ; † 1810.

AUGUSTINE, née 1808 ;
† 1833.
Célibataire.

PALMYRE, née 1811 ; † 1884 ;
mariée, en 1832,
à THÉOPHILE CAPELLE.

EUPHRASIE, née 1816 ;
† 1859.
Célibataire.

MÉLASIE, née 1820 ; † 1854 ;
mariée, en 1846,
à M. DROUET.

Elles sont
sœurs.
Leur sœur, Mme COLIGNAN,
est souche des
DIRCKS et des QUINTIN.
Leur tante, Mme GASTON,
née PAUTY, est souche
des DE LABORY.
(Origine, voir K.)

PAUL, né 13 avril 1807 ;

ANNE-LAURE, née à Bordeaux, 13 juillet 1808 ;

MARIE-AMÉLIE, née à Bordeaux, 27 juin 1810 ;
† 21 juin 1801 ;

PAUL, né 13 avril 1807 ; † à la Nouvelle-Orléans (Louisiane), 28 août 1839. Célibataire.

ANNE-LAURE, née à Bordeaux, 13 juillet 1808 ; † 24 mai 1877 ; mariée en septembre 1833, à Édouard Legrand, né à Rochefort, an X ; † 8 novembre 1871. (*Origine Legrand, voir D.*)

MARIE-AMÉLIE, née à Bordeaux, 27 juin 1810 ; † 21 juin 1891 ; mariée, en 1834, à Marc Achard, de Genève, † 5 juillet 1881 (dont le frère a été député de Bordeaux, d'où rue Achard). (*Suite, voir E.*)

SUZANNE, née à Bordeaux, 8 février 1835 ; † à Bordeaux, 1er juillet 1911 ; mariée, 30 novembre 1856, à Pierre-Joseph Glotin, né à Lorient, 22 mars 1828 ; † à Bordeaux, 30 mai 1884 ; Lieutenant de Vaisseau. (*Origine Glotin, voir D et H.*)

EMMANUEL, né 11 juillet 1837 ; † 23 mai 1881 ; négociant ; marié, en 1866, à Suzanne-Marie Girard, de Rochefort, née 1847. Pas d'enfants. (*Origine Girard, voir F.*)

MARIE, née 24 septembre 1857 ; † 30 décembre 1892 ; mariée, 4 février 1880, à Charles Fonade, né 1857.

- **JEAN** et **ROGER** (jumeaux), nés 1887.
- **SUZANNE**, née 1884 ; épouse, 8 mai 1911, François Mortier, négociant.
  - **HÉLÈNE**, née 13 mai 1914.
  - **MARIE**, née 25 févr. 1912.
- **EMMANUEL**, né 1883 ; négociant ; épouse, 27 juin 1911, Marguerite Lassigniardie.
  - **PIERRE**, né 17 octobre 1913.

ÉDOUARD, né 31 août 1858 ; marié, 12 juin 1886, à Alice Curnillon, de Cognac, née 26 avril 1868, à Tonnay-Charente. (*Sœur de Gabriel Curnillon, voir B.*) Pas d'enfants.

OLIVIER, né 7 octobre 1860 ; † 24 mai 1902.

JEANNE-AMÉLIE, née à Bordeaux, 17 juillet 1862 ; mariée, à Bordeaux, 14 février 1885, à Charles-Jean Édouard Harlé, né à Toulouse, 13 mai 1850.

- **JACQUES-PAUL**, né à Toulouse, 3 avril 1891. Élève à l'École polytechnique.
- **ANDRÉ-LOUIS**, né à Bordeaux, 1er décembre 1886. Élève de l'École polytechnique, Ingénr.
- **PIERRE-GAËTAN**, né à Bordeaux, 12 décembre 1885. Docteur en droit.

MARGUERITE, née 7 août 1866 ; mariée, 14 janv. 1891, à Adrien Promis, né 1864 ; † 6 mars 1914.

- **MARIE-MAGDELEINE**, née 14 octobre 1904.
- **MARIE-LOUISE**, née 28 octobre 1901.

LOUISE, née 10 mars 1868 ; † 19 janvier 1901 ; mariée, 14 décemb. 1892, à Paul Philippon, né 1861. (*Voir I.*)

- **MARIE**, née 30 avril 1899.
- **MARC**, né 15 mai 1896.

PAUL, né 10 mai 1870 ; marié, 19 nov. 1894, à Suzanne Roudier, née 1875. (*Origine Roudier, voir F.*)

- **JEAN**, né 7 mars 1908.
- **MARCELLE**, née 3 août 1902.
- **MARIE-THÉRÈSE**, née 22 février 1901.
- **YVES**, né 28 septembre 1899.
- **RENÉ**, né 5 juillet 1898.
- **PIERRE**, né 3 avril 1897.
- **HENRI**, né 11 février 1896.

A

PAUL-ALEXANDRE BRIZARD, né à Bordeaux, 6 avril 1761 ; † à Bourg, 7 mai 1835. Capitaine de navires, puis maire de Pugnac, près Bourg.

Marié, en 1res noces, le 26 août 1791, à MARGUERITE-THÉRÈSE RABOUTET. Pas d'enfants.

Marié, en 2es noces, l'an X, à MARIE PERRIN, † an XIII.

Marié, en 3es noces, le 17 mai 1809, à ANNE VITRAC.

ARABELLE, née 1823.

CÉLADINE, née 6 mars 1818 ; † 1887 ; mariée à LOUIS-FÉLIX DALEAU, notaire à Bourg, né 1815 ; † 1892. →

- ANDRÉ DALEAU, né 1858. Propriétaire à Bourg. Célibataire.
- FRANÇOIS DALEAU, née 1845. Propriétaire et Archéologue, à Bourg. Célibataire.
- JOSÉPHINE DALEAU, née 1841 ; † 3 avril 1906, à Bourg. Célibataire.

MAXIME, né 31 mai 1815 ; † 26 mai 1903, à Bourg.

HYACINTHE, né 1813 ; disparu en mer.

ADELINE, née 1810 ; † 1814.

PAULY-THÉODORE, né 1805 ; † 1882, à Arcata, Humboldt County (Californie) ; marié à VICTOIRE BROUSSE.

MARIE BRIZARD, née vers 1848 ; épouse le pasteur protestant TODD, près Korbel, Humboldt County (Californie). — Un fils et deux filles.

PAUL BRIZARD, † 11 octobre 1880, à Arcata ; marié, vers 1872, à ANTOINETTE DUPUY.

- HECTOR BROUSSE.
- ÉTIENNE, marié vers 1903.
- MAXIME, marié 31 août 1907, à FANNIE CROW ; *Manager for a Sheet metal firm,* San Francisco.
- VICTORINE, *Working in a large store, in Ferndale, near Eureka,* Humboldt County (Californie).

ALEXANDRE BRIZARD, † 30 mai 1904, à San Francisco.

- HENRI (dans l'Arizona).
- BROUSSE (à Arcata). } Trois garçons.
- PAUL (dans l'Arizona).

« Tous travaillent assiduement, mais sans richesse. »

JEANNE-EULALIE ROGER, née 17 avril 1769, mariée à FULCRAND FAVE.

VIRGINIE FAVE, épouse ARNAUD MOULINIÉ, Constructeur de navires.

MARIE, mariée à ALFRED ABRIBAT.

DANIEL ABRIBAT. — Mme RAYMOND LATRILLE.

- DANIEL.
- SUZANNE, épouse PIERRE MAURIAC, Médecin.
- JEANNE, épouse JEAN LAFON, Ingénieur.
- MARIE, épouse HENRI POUGNET, Lieutenant d'infanterie.

→ Plusieurs enfants.

IDA, mariée à M. LAFAYE.

SUZANNE LAFAYE.

Mme RAGOUET.

- GERMAINE, mariée à JOSEPH LAROZE
- HENRI, marié à Mlle VIDEAU.

HENRI LAFAYE.

EDMOND, marié à dlle PLANE, de Marseille.

ALEXIS, marié à JEANNE REVERCHON.

- FRANÇOIS.
- MARGUERITE.

HENRIETTE, mariée à GABRIEL CURNILLON, de Cognac.

- YVONNE.
- CHARLES.
- ALICE.
- MARCELLE.

ALEXIS, marié à sa cousine ZUNIE MOULINIÉ.

Mme LEFÈVRE. → Descendance.

Mme URBAIN MAUREL. → Descendance.

PIERRE DUMAS, de Rochefort, épouse CATHERINE DURAND D'ELBOS.

AUGUSTE, Officier de marine, épouse d^lle VENCE.
- Mme MOREAU. Pas d'enfants.
- Contre-Amiral DUMAS-VENCE, † 1904 ; marié à d^lle GOUIN. → Sept enfants.

ÉLISABETH, épouse M. BOURDAIN.
- ÉLISA BOURDAIN, née près Tonnay-Charente, 1808 ; † à Bordeaux, 1880. Célibataire.

SUZANNE, qui épouse PIERRE-JOSEPH LEGRAND. ★

MARIE-BONNE-LOUISE, épouse CHARLES-NICOLAS LA CAILLE, Lieutenant de Vaisseau. → AUGUSTE LA CAILLE, Conseiller à la Cour de Paris. → GASTON LA CAILLE, ancien Magistrat, à Paris, épouse MARGUERITE DE VERGY. Pas d'enfants.

D

PIERRE-JOSEPH LE GRAND, Négociant, échevin de Saint-Omer (Artois).

ALBERT-JOSEPH LE GRAND, Négociant de Saint-Omer, marié à MARIE-FRANÇOISE-JOSEPH ALEXANDRE. →
- MARIE-AUGUSTINE.
- FÉLICITÉ.
- MARIE-PHILIPPINE-JOSEPH, épouse de FRANÇOIS-OMER DOURLEN.

PIERRE-JOSEPH LEGRAND, né à Saint-Omer, 1er août 1762 ; † à Lorient, 6 août 1831. Directeur des Subsistances de la Marine. Marié à Rochefort, 1788, à SUZANNE DUMAS, née 1771 ; † 1827. ★ →
- ALBERT-AUGUSTIN-JOSEPH.
- ADOLPHE, Chirurgien de la Marine, † à Lorient, 1857.
- ÉDOUARD LEGRAND, qui épouse LAURE ROGER. → EMMANUEL LEGRAND. SUZANNE LEGRAND qui épouse PIERRE GLOTIN (✝).
- NANCY, née an IV ; † 1829 ; mariée, en 1827, à OLIVIER GLOTIN, † 1828. → PIERRE GLOTIN, qui épouse SUZANNE LEGRAND (✝). (*Origine des Glotin, voir H.*)
- EMMANUEL, né à Rochefort, an VII. Enseigne de Vaisseau.
- ÉLÉAZAR, né à Rochefort, 1793 ; † à Bordeaux, 1863. Capitaine de Frégate.

AUGUSTE GIRARD, né 1772 ; † 1839.
Commissaire de la Marine, à Rochefort.

EDMOND GIRARD, notaire à Rochefort,
épouse CÉCILE VILLENEAU.

BLANCHE,
épouse
GEORGES ROUDIER
(ci-contre).
{
MARGUERITE, mariée, en 1904,
à HENRI COLLOMB, Capitaine d'infanterie.

SUZANNE, mariée à PAUL GLOTIN.
(*Voir tableau principal*).

ÉDOUARD.
}

ANNA,
épouse
JULES BELENFANT,
Notaire à Rochefort.
{
ANNE, épouse MAXENCE CARRÉ, Capitaine de
Frégate.

HENRI.

MARIE, épouse EMMANUEL MASSENET, Lieu-
tenant-Colonel d'artillerie.

LOUIS, Notaire à Rochefort.
}

SUZANNE-MARIE, mariée à EMMANUEL LEGRAND.   (*Voir tableau
Pas d'enfants.   principal*).

Des fils, morts jeunes.

CAROLINE GIRARD.
Elle épouse :
1° M. GARNIER.
Pas d'enfants.
2° M. ROUDIER,
Pas d'enfants.
Mais M. Roudier avait
des enfants d'un
autre mariage et,
parmi eux,
Georges Roudier,
qui épouse
Blanche Girard
(ci-contre).

MARIE-AMÉLIE ROGER, épouse MARC ACHARD.

THÉODORE ACHARD, né 13 janvier 1835 ; † 15 avril 1894 ;
épouse, 28 juin 1870,
LOUISE RIBETTES, de Bagnères-de-Bigorre,
née 16 mars 1847.

ROGER, né 26 octobre 1882.

MARCELLE, née 19 juin 1880,
épouse, 4 janvier 1905,
DANIEL BOULART,
né 18 février 1869, à Linxe (Landes).
{
CHARLES, né 23 novembre 1910.

CHARLOTTE, née 28 novembre 1907.

MARIE-LOUISE, née 7 octobre 1905.
}

MADELEINE, née 30 juillet 1875,
épouse, 12 novembre 1895,
MAURICE JACMART,
né 23 janvier 1865.
{
DENISE, née 4 octobre 1897.
}

I

Second mariage.
PAUL PHILIPPON
(*Voir tableau principal*),
épouse, à Camblanes (Gironde), 2 septembre 1907,
RENÉE DE LABORY.
(*Origine, voir K.*)

- PAULETTE, née à Bordeaux, 18 septembre 1913.
- MARCELLE, née à Bordeaux, 7 janvier 1912.
- SIMONE, née à Bordeaux, 8 novembre 1910.
- JEAN, né à Bordeaux, 1er novembre 1909.

H

PIERRE-FRANÇOIS GLOTIN, Médecin à Lorient,
marié à d^lle LE BAIL,
douze garçons, presque tous morts aux armées, sous Napoléon Ier, et une fille.
De ces treize enfants, ont seuls eu descendance :

OLIVIER GLOTIN,
marié à
NANCY LEGRAND. → Mme MONTAGNÈRE. → Mme MOREAU. → M. MOREAU DE^t LISOREUX, de Quimper. → Descendance.

PIERRE GLOTIN,
qui a épousé
SUZANNE LEGRAND.
(*Voir le tableau principal et D*).

HYACINTHE GLOTIN, Médecin.

- HYACINTHE GLOTIN. → { HYACINTHE GLOTIN, Avocat. / Mme BELBÉOC'H, de Douarnenez. }
- LÉONTINE GLOTIN, Religieuse.
- Mme HUMPHRY. → Deux filles célibataires.
- Mme ABYVIN. Pas d'enfants.
- Mme DE BOCERET. → EMMANUEL DE BOCERET, Journaliste à Nantes (quoique aveugle !) → Deux filles

K

Acte de mariage des père et mère d'ÉMILIE et LAURE LAURANS, qui ont épousé AUGUSTIN et THÉODORE ROGER. *(Voir tableau principal).*

(A M, Saint-Siméon.)

> « L'an 1783 le 28 juin après la publication faite à la messe de parroisse d'un ban du futeur mariage d'entre Sʳ Jean laurans agé vingt sept ans commis à la douane fils de Sʳ michel laurans premier huissier de la cour des aydes et de demᵉˡˡᵉ thereze masse, et dˡˡᵉ marguerite pauty, tous deux de cette parroisse, fille de fus Sʳ etienne pauty et marguerite portes . . . mʳ saincric pretre de cette eglise de mon consentement les a fiancez et epousez en présence des soussignés . . . »

parmi lesquels Hᵗᵉ GASTON, que nous retrouverons plus loin.

En 1788, ce JEAN LAURANS est dit : « Commis à la balance du commerce ».

En 1755, MICHEL LAURANS est dit : « Écuyer, premier huissier en la cour des aydes et finances de Guienne. »

JEAN ayant 27 ans en 1783, a dû naître vers 1756. Or, MICHEL LAURANS et THÉRÈZE MASSE ont eu un JEAN-HENRY le 10 octobre 1755 (Saint-André), et un JEAN le 27 septembre 1756 (Saint-André). J'ajoute qu'ils ont encore eu un JEAN le 23 décembre 1765 (Saint-André). A cette époque, beaucoup de LAURANS ou LAURENS, de diverses familles, ont le prénom de JEAN.

ÉMILIE LAURANS est née le 24 mai 1788 (Saint-André). Ses prénoms sont : JEANNE-CATHERINE-MARIE-ÉMILIE.

LAURE LAURANS est née le 7 novembre 1784 (Saint-André). Ses véritables prénoms sont : MARIE-THÉRÈSE-MICHELLE-HIASENTE.

JEAN LAURANS est mort le 16 novembre 1828, à 72 ans, et sa femme, MARGUERITE PAUTY, le 10 mars 1839, à 83 ans.

Voici l'acte de mariage de Mᵐᵉ GASTON, tante d'ÉMILIE et LAURE LAURANS, et origine des DE LABORY. *(Voir tableau principal et I.)*

(A M, Saint-Remy.)

> « L'an mil sept cent soixante dix sept et le quatorzieme jour du mois de mars . . . Sʳ hyacinte gaston négt habᵗ De cette paroisse fils legitime De Deffunt Sʳ pierre gaston, et Dˡˡᵉ anne gauran, procedant comme majeur et maitre De ses Droits D'une Part Et Dˡˡᵉ anne Pauty habᵗᵉ aussi De cette pˢˢᵉ, fille Légitime De Deffunts Sʳ françois Pauty, et Dˡˡᵉ marie Bordes, ... ont . . . Reçu la Bénédiction nuptiale . . . . »

Une fille de Mᵐᵉ GASTON a épousé M. DE LABORY, et a eu un fils dont RENÉE DE LABORY, épouse PHILIPPON, est la fille.

J'ai vainement cherché d'autres actes concernant ou mentionnant ÉTIENNE ou FRANÇOIS PAUTY ou bien MARGUERITE ou MARIE PORTE ou BORDES.

Les « Citoyens jean Baptiste pauty domiciliés de Bordeaux pere et fils » (qui ne sont peut-être nullement leurs parents), ont fait, au Comité de Surveillance de Libourne, le 25 ventôse an II, une « Dénonciation sur l'agiotage et accaparement des noix ». Ils l'ont signée : « poti paire, poty fi. » (A D, 2264. L.)

DOCUMENTS

SUR

ROGER LE CONSPIRATEUR

L'AGENCE ANGLAISE

DE BORDEAUX

OU AFFAIRE DES PLOMBS

LA POLICE ET LES CHOUANS SOUS LE CONSULAT
ET L'EMPIRE

Par Ernest DAUDET (Paris. Librairie Plon. 1895).

Un chapitre, pages 141 à 163, est consacré à « l'Agence anglaise de Bordeaux ». Roger y est souvent nommé. Il y a quelques inexactitudes de détails.

A la fin de l'an XII, le gouvernement apprit, par hasard, qu'une grande quantité de plomb avait été transportée et enterrée dans le jardin de l'abbé Jacqueneau, curé d'un village de Vendée. Il découvrit que ce dépôt avait été fait par le médecin Gogué; que Gogué conspirait, avec d'autres, pour rétablir les Bourbons; que ce plomb était destiné à fondre des balles. Peu après, Daniaud, prévenu d'être le trésorier de l'association, fut arrêté, chez Mme Sablon, sa sœur, près de Saintes, avec l'ancien chouan Kémar. La police apprit que l'Angleterre était l'inspiratrice de ce complot; qu'elle avait promis d'importants subsides; que l'argent qu'elle fournissait était envoyé par l'intermédiaire d'un banquier de Madrid, Diego-Carrera; que le commerce de liqueurs de Daniaud et le commerce de plomb de Gogué n'étaient que des prétextes destinés à dissimuler les allées et venues et les maniements de fonds qu'exigeait l'organisation du complot; que les bandes insurrectionnelles devaient se former aux Sables-d'Olonne, sous le commandement du comte d'Artois; que les principaux chefs du complot étaient Forestier et Céris.

Un décret impérial traduisit les dix-neuf individus impliqués dans cette affaire, devant une commission militaire spéciale siégeant à Nantes.

Aux termes du jugement rendu par cette commission, le 23 frimaire an XIV (14 décembre 1805), furent condamnés à mort : Céris, Forestier, Papin, Duchesne-Chénier, Gogué; furent condamnés à la détention : Pitard-Laclotte, Bertrand-Saint-Hubert, Daniaud, Jacqueneau, Merland, Acquart-Vreilhac; furent acquittés : Roger, Kémar, Turpault, Pagès, Orion, Michel Cesbron, Jemmy Cesbron.

Ce court résumé permettra de comprendre les pièces dont j'ai pris copie.

LA

POLICE SECRÈTE DU PREMIER EMPIRE

Bulletins quotidiens adressés par Fouché à l'Empereur (1804-1805)

Publiés par Ernest d'HAUTERIVE (Paris. Perrin & Cᵒ. 1908)

Bulletin du 30 fructidor an XII

Lundi 17 septembre 1804

. . . .

Suite de l'affaire des plombs. — Arrestations. — Daniaud et Kémar, qui avaient fait viser à Bordeaux leurs passeports pour Nantes le 7 de ce mois. . . . . . ont été arrêtés par la brigade de Saintes. . . on a trouvé à Daniaud [ici, énumération de diverses lettres de change]. On lui a encore trouvé deux lettres qui lui avaient été écrites de Nantes, maison Brizard aîné et Roger — il n'y était question que de son commerce de liqueurs, — et une autre, dont Saint-Hubert l'avait chargé, à son départ de Bordeaux, pour sa femme qui est à Nantes. . .

Bulletin du 4 vendémiaire an XIII

Mercredi 26 septembre 1804

. . . .

Roger. Affaire des plombs. — Roger, marchand de liqueurs à Bordeaux, interrogé sur une négociation de 16 000 francs qu'il avait faite avec Daniaud, en lettres de change, a dit qu'il avait reçu de lui un dépôt de liqueurs et qu'il a fait vérifier le contenu. Il a soutenu qu'il n'avait eu aucun rapport avec Daniaud et ses complices. L'examen de ses papiers n'a procuré aucun indice.

Bulletin du 7 vendémiaire an XIII

Samedi 29 septembre 1804

. . . .

Nantes. Affaire des plombs. — Le commissaire général de police à Nantes, rend compte de l'examen qu'il a fait du livre

de commerce tenu par Daniaud. On n'y trouve que deux
correspondants pour ses achats de vins et liqueurs : Marie
Brizard et Roger, de Bordeaux. Ils paraissent lui avoir livré
pour près de 40 000 fr. de marchandises, et les payements qu'il
leur a faits, suivant le même livre, ne vont pas à 8 000 francs ;
il dit cependant ne leur rien devoir ; ce qui fait présumer que
ces achats sont chimériques, ou qu'un caissier secret, qui
doit être à Bordeaux les a satisfaits. Les ventes, suivant le
même journal, ont été faites à ses principaux complices, déjà
arrêtés : Gogué, Jagueneau curé, Kémar et autres. . .

Bulletin du 11 vendémiaire an XIII

Mercredi 3 octobre 1804

. . . .

Vendée. — Le général Gouvion et le préfet de la Vendée
donnent quelques détails sur les mouvements de la Vendée.
Il paraît, par le premier rapport, que sous l'ombre d'un
prétendu commerce de liqueurs et vins de Bordeaux, formé à
Nantes, par Daniaud et complices, il a été fait, indépendam-
ment des envois de plombs, plusieurs expéditions et distribu-
tions de poudres et munitions en caisses et barriques. . .

Bulletin du 13 vendémiaire an XIII

Vendredi 5 octobre 1804

. . . .

Agence anglaise de Bordeaux. — Le complot de l'Ouest, que
l'affaire des plombs a fait découvrir, se développe chaque jour,
d'après les rapports derniers du commissaire général de police
à Bordeaux. Deux complices intéressants sont signalés à
Bordeaux : Roger aîné, liquoriste qui a fourni les fonds à
Daniaud, et Acquart Vreilhac, qui paraît être l'agent général
de l'intrigue. Les fonds de l'agence arrivaient d'Espagne par
M. Diégo Carrera, négociant à Madrid. Roger a reçu, en floréal,
70 000 francs en traites de cette maison. Interrogé sur l'origine
de ces fonds, il a dit qu'un nommé Pignerolles, de la Havane,
ayant passé à Bordeaux pour se rendre en Espagne et de là
dans sa patrie, il avait fait connaissance avec lui, et que, sur
l'exposé de ses besoins, il lui avait confié ce capital à
5 % d'intérêt. — On a constaté qu'aucun voyageur du nom de

Pignerolles n'avait passé à Bordeaux. — Roger est arrêté. Acquart Vreilhac a reçu, en prairial, par la même maison Diégo Carrera, 114 000 francs. Il est en fuite. . .

Bulletin du 25 vendémiaire an XIII
Mercredi 17 octobre 1804

M. d'Hauterive n'a publié ici qu'un résumé, que voici :

Affaire des plombs : Mme Brizard, veuve Roger, nie avoir reçu 67 700 francs pour son commerce et ne connaît pas Pignerolles. Interroger de nouveau Roger.

Bulletin du 2 brumaire an XIII
Mercredi 24 octobre 1804

. . . .

Bordeaux. Agence anglaise. — Roger, arrêté à Bordeaux, après diverses contradictions dans ses interrogatoires, vient d'offrir de faire des révélations, si on voulait lui assurer sa grâce et celle de son complice Acquart Vreilhac — en fuite —. Le ministre a promis, moyennant que Roger déclarerait, sans réticence, tout ce qu'il sait, et qu'il donnerait des renseignements importants et utiles au gouvernement. Il vient d'être reconnu que l'individu qui a passé mystérieusement à Bayonne, il y a un mois, se rendant d'Espagne à Bordeaux, chez Acquart Vreilhac, n'est autre que Céris, ayant un passeport de Bordeaux, sous le nom de Rhédon. C'est encore Céris qui, sous le nom de Pignerolles, a compté à Roger 115 700 francs. . . . .

. . . . . Voici le résumé des fonds dont on a aperçu clairement la trace jusqu'à présent dans cette affaire : 1o Roger a reçu de Pignerolles — Céris — en ventose et germinal derniers — traites de Diego Carrera — 115 700 francs; 2o Acquart Vreilhac. . . . . 114 000; 3o Jemmy Cesbron. . . . . 140 000; total : 369 700 francs.

Bulletin du 17 brumaire an XIII
Jeudi 8 novembre 1804

. . . .

Bordeaux. Agence anglaise. — . . . . Suivant la déclaration de

Jemmy Cesbron, Céris était à Bordeaux à la fin de fructidor. Il y a eu ses principaux rapports avec Acquart et Roger.

Bulletin du 18 brumaire an XIII

Vendredi 9 novembre 1804

.   .   .   .

Bordeaux. Agence anglaise. — Le commissaire général de Bordeaux adresse au ministre la déclaration qui lui a été faite par Michel Cesbron, frère de Jemmy Cesbron. . . Voici le précis de cette déclaration : Les deux chefs de l'agence anglaise sont Forestier et Céris. . . Forestier est arrivé à Bordeaux, il y a environ neuf mois, venant d'Espagne. Il a logé chez M. Laclotte. M. Papin l'a conduit chez Acquart et Roger. Il a demeuré à Bordeaux environ un mois. . . . . .

ARCHIVES NATIONALES

Police générale. — Affaires politiques

(F. 7. 6356.)

POLICE GÉNÉRALE

Nantes le 26 Fructidor
an 12ᵉ de la République Française.

Le Commissaire Général de Police à Nantes,
A Monsieur le Conseiller d'état chargé du 1er arrondissement de la Police générale de l'Empire.

Monsieur le Conseiller d'État

J'ai l'honneur de vous annoncer que Monsieur le Prefet du
Département de la Charente infre par sa lettre du 22 de ce mois,
m'informe que le nommé Daniel *Daniaud* prévenu d'être le
trésorier de la Conspiration vient d'être arrêté. . . . . .

Daniaud a été trouvé saisi de deux lettres qui lui avaient été
adressées de Nantes sous la date du 4 et 6 de ce mois à Bordeaux
maison de Marie *Brizard* l'aîné et *Roger* par le sieur *Weisbrod*
son préposé au magazin de liqueurs qu'il a établi sur la fosse
à Nantes. [En marge de ce paragraphe, on a écrit d'une autre
écriture : *hic*].

Ces deux lettres dont l'une est la copie presque litterale de
la minute que j'avais trouvée sur *Weisbrod* et dont j'ai rendu
compte ne sont relatives qu'au commerce de liqueurs confié à
ce préposé. . . . . .

Agréez l'assurance de ma Considération la plus distinguée.

[Signé :] Duval.

BUREAU

PARTICULIER

N° 1037

Bordeaux le 3 Jour Compre an 12.

Le Commissaire-Général de Police,
A Monsieur le Conseiller d'État chargé du
3me arrondissement de la police générale
de l'Empire.

Monsieur le Conseiller d'état

. . . .

Instruit par monsieur le Prefet de la Charente-inférieure, et par mon collègue de Nantes, que *Daniaud* avait été arrêté à Saintes, et qu'on avait trouvé sur lui trois lettres de change montant ensemble à *seize mille* francs, tirées de Bordeaux sur Paris, je me suis empressé de faire venir les signataires de ces traites et l'agent de change qui les a fournies. D'après la déclaration de ce dernier, que ces trois lettres de change avaient été négociées par lui au sieur *Roger* fils ainé, liqueuriste, dont vous entretient ma lettre du 1er compre no 1038, et qu'elles fesaient partie d'une somme de *31 386 francs 18 centimes* de papiers sur Paris, à courts jours, dont le montant lui avait été compté par *Roger*, j'ai fait faire une visite exacte au domicile de *Roger* j'y ai fait saisir tous ses livres, papiers etc., et l'ai fait arrêter.

.   .   .   .

Roger a demandé, à raison de sa maison de commerce dont il est chef, à être placé chez lui, en surveillance, sous la garde de deux gendarmes à ses frais. J'en ai conféré avec Monsieur le Préfet, qui n'a pas cru devoir prendre cette mesure jusqu'à votre décision. J'attendrai vos ordres, Monsieur le Conseiller d'état, sur la demande de Roger.

.   .   .   .

J'ai l'honneur de vous saluer avec une Considération distinguée.

pour le commissaire-générale de Police
le secrétaire Générale
[Signé :] BABUT.

POLICE GÉNÉRALE　　　　　　　　　　NANTES, le 1er Vendémiaire an 13.

Le Commissaire Général de Police à Nantes, A Monsieur le Conseiller d'État chargé du premier Arrondissement de la Police générale de l'Empire.

MONSIEUR LE CONSEILLER D'ÉTAT

.   .   .   .

Le dépouillement du Mémorial servant de Journal aux opérations du prétendu Commerce de Daniaud ne présente comme vendeurs que *Marie Brizard et Roger de Bordeaux.*

Les articles de vente se composent de vins rouges de Bordeaux, de vins de liqueurs, d'Eau-de-vie d'Andaye, de liqueurs d'Indigo et de cendre gravelée formant ensemble la somme de 38 182 L 12 s ; d'après le Journal il semblerait que *Daniaud* n'aurait payé sur cette somme que 7 772 L et cependant il vient de déclarer dans son interrogatoire qu'il ne doit rien à cette maison de commerce de Bordeaux.

Les acheteurs auxquels il a vendu sont

1º Le nommé *Gogué* . . . .

2º Le sieur *Sablon* . . . .

3º Le nommé *Kémar* . . . .

4º Le nommé *Boëts dit flamand* Tailleur de *Charette* et de sa troupe . . . .

5º Le nommé *Jaguenau*. . . . . .

. . . .

Agréez l'assurance de ma Considération la plus distinguée.

[Signé :] DUVAL.

BUREAU

PARTICULIER

BORDEAUX le 6 Vendémiaire an 13.

Le Commissaire-Général de Police,
A Monsieur le Conseiller d'état, chargé du 3ᵉᵐᵉ arrondissement de police Générale de l'Empire.

MONSIEUR LE CONSEILLER D'ÉTAT

. . . .

j'ai fait saisir hier les Caisses qui m'avaient été indiquées par mon collègue de Nantes; il s'en trouve pour une somme de *42 000* est. fr; *Roger* l'ainé s'en était arrogé la propriété, et en avait fait cession à l'agent de change *Laplene*, pour payer, en partie, d'une somme de près de *soixante mille fr*, dont il se trouve à découvert pour Roger.

. . . .

[Signé :] Pierre PIERRE.

PARIS, le   Vendémiaire an 13.

[Le Conseiller d'État chargé du 3ᵉ arrondissement de la Police gᵃˡᵉ de l'Empire écrit à son collègue chargé du 1ᵉʳ :]

. . . . . . *Marie Brizard et Roger*. Vous y verrés que ce dernier a été arrêté, et qu'il y a lieu de présumer qu'il était le Banquier de l'agence anglaise. . . . . . .

[Signé :] PELET.

BORDEAUX 9 vendémiaire an 13.

> [Le Commissaire g^{al} de Police à Mr le Conseiller
> d'État chargé du 3e arrt de la Police générale
> de l'Empire.]

Je viens de recevoir, avec la lettre de M. le sous Prefet de Bayonne les dix sept traites tirées de Madrid par *Diego Carrera,* ordre de *Pignerolles.* . . . . sont toutes sous la date du 12 mars 1804 à 12 jours de date fixe, ordre de M. Pignerolles, valeur du dit sieur; elles énoncent aussi toutes: *Payér à l'ordre de M. Roger ainé, valeur en compte Madrid ce 17 mars 1804* signé *Pignerol.*

. . . . . [Réponses faites par Roger aux questions qui lui sont posées à ce sujet.]

[Signé :] BABUT.

DIVISION
de
SURETÉ GÉNÉRALE

PARIS le 25 Vendémiaire an 13.

> Note pour Monsieur le Conseiller d'État chargé
> du 3e arrondissement de la Police Générale.

Madame *Brizard,* veuve *Roger,* qui est à Paris, en ce moment, a été mandée pour savoir s'il étoit à sa connoissance que son fils eut reçu d'un Sr *Pignerolles* des fonds qui devoient être employés dans son Commerce.

Cette dame paroit ignorer le motif de l'arrestation de son fils. Elle est à Paris depuis deux mois pour y poursuivre des Contrefacteurs de ses Liqueurs annoncées dans le commerce comme provenant de son magasin de Bordeaux. Elle évalue le fond de son Établissement à 50 000 L environ, et il n'est point parvenu à sa connoissance qu'il y eut eu un dépôt de fonds versés dans sa maison; elle a même montré une lettre d'un de ses fils où il lui dit qu'il seroit à désirer qu'elle put trouver à Paris quelques sommes à emprunter.

Quoique la maison soit en son nom, son fils ainé a la Direction de l'Établissement; elle est meme retirée en partie des affaires d'après une convention où ses fils lui ont stipulé une pension de 6 000 L;

Elle ne connoit nullement le Sr Pignerolles et encore moins

le Dépot de 67 700 L en lettres de change tirées de Madrid
pour être comptées à Barcelonne. Elle a paru craindre qu'elle
ne fut elle meme dans le cas de rembourser cette somme que
son fils auroit obtenüe et dissipée de manière à la compro-
mettre. Si cette somme de 67 700 L eut pu, ainsi que le prétend
Roger, etre employée dans son Commerce, il est à présumer
qu'il n'eut pas manqué d'en instruire sa mére qui s'occupoit
de son Côté, à faire un emprunt pour sa maison. Cette
invraisemblance fait présumer que Roger a le secret de cette
intrigue.

Il convient de le faire interroger de nouveau d'après cette
note./.

[Signature illisible.]

Bordeaux. Interrogatoires de Roger du 2 et du 17 vendémiaire an XIII :

Je me borne à copier, dans celui du 2, le passage
suivant :

Quelle est sa signature dans la Maison de Commerce de
Marie Brizard et Roger ; s'il a la signature de la maison ; et s'il a
coutume de signer purement et simplement de son seul nom.

Rep^d qu'ayant seul la signature de la maison, il signe *Marie
Brizard et Roger*, qu'il signe ainsi depuis environ deux mois,
et qu'avant cette époque il signait par *procuration de Marie
Brizard et Roger*, Roger ainé ; mais qu'il n'a jamais signé
purement et simplement *Roger ainé* que pour ses affaires
personnelles, étant père de famille.

Pièce originale. Elle est sur papier ordinaire et n'est
pas du tout d'écriture soignée :

Monseigneur

Les Bordelais, comme le reste de l'Empire, connoissent tout
le prix de votre vigilance. nous nous ferons un devoir, et un
plaisir de leur redire toute la bonté avec Laquelle vous vous
êtes entretenu du bon esprit qui les anime, de leur fidélité à
notre auguste Empereur, de la paix religieuse qui règne dans
cette contrée, de l'importance de sa position commerciale,
des sacrifices que les circonstances lui imposent.

Monseigneur, il est au pouvoir de votre excellence de causer
une grande satisfaction aux habitans de Bordeaux et
particulièrement au commerce de france, qu'elle daigne faire
cesser les inquiétudes de trois familles qui depuis plusieurs
mois gémissent sur les causes qui ont du provoquer des
mesures severes de la part du gouvernement !

ACQUART. . . . .

CAZALET . . . .

ROGER cette famille est très nombreuse, une mère respectable, un très grand nombre d'enfans, deux fils mariés qui ont
eux mêmes beaucoup d'enfans.

Monseigneur, ce sont des jours de bonheur pour La france
on n'entend par tout que des cris d'allégresse ; une grace de
plus ; nous vous en conjurons.

Nous sommes avec respect, de Votre excellence Monseigneur,
Les très humble et très obéissants serviteurs

[Signés :]
BRUNAUD
Président de la chambre de commerce de Bordeaux
GRAMONT JAUBERT
membre de la chambre tribun

PARIS 17 nivose an 13./.

En marge, tout en haut de cette lettre, on voit :

me rendre compte
[*Signature illisible.*]

Le 17 nivôse an XIII est le 7 janvier 1805 : un mois
après le Sacre.

Minute, non datée, d'un immense rapport concernant
tous les accusés. J'y copie, et seulement en faible partie,
ce qui concerne Roger.

POLICE GÉNÉRALE
1ᵉʳ Arrondissement

RAPPORTS A SA MAJESTÉ

. . . .

AFFAIRE DES PLOMBS SIRE

. . . .

ROGER. *roger* fils ainé negᵗ à Bordeaux, il fut impliqué dans
l'affaire de l'institut royaliste. il eut même à cette Epoque une
vive altercation avec papin pour une somme de 40 mille francs

que ce dernier avait recue pour le compte de l'association et
dont il refusait de rendre compte.

. . . .

Le Commissaire général de bordeaux assure que *roger* s'est
d'abord avoué Coupable et a offert de faire des déclarations si
on voulait lui accorder sa grace (liasse 7e no 3), mais qu'ayant
ensuite rejeté cette idée, il affectait plus de sécurité alléguant
qu'il n'avait été dans cette affaire que le Commissionnaire
de fonds recus pour un autre.

<table>
<tr><td>FEUILLE DE TRAVAIL
—
M. PELET
CONSEILLER D'ÉTAT
RAPPORTEUR
——————
N°
BORDEAUX
—
Laines, saisies
——</td><td>MINISTÈRE DE LA POLICE GÉNÉRALE
———

Travail
avec son Excellence le Sénateur Ministre
de la Police générale.
Le 14 Germinal an 13.</td></tr>
</table>

. . . .

Il y a une colonne en blanc pour « Décisions de son
Excellence ».

. . . .

Quelques jours après des laines qu'on savoit avoir été achetées
pour le compte de *Daniaud* et *Gogué* et dans lesquels on
soupçonnoit que des poudres envoyées de Nantes à Bordeaux
pouvoient être cachées furent découvertes et vérifiées. Le
Commissaire général de Bordeaux fixoit la valeur à proximative
de ces Laines à 42 000 f.

Ce Commissaire informé que *Roger* arrêté comme prévenu
de complicité avec l'Agence Anglaise s'étoit arrogé la propriété
de ces laines, et prétendait en avoir fait cession à *Lapleine*
pour le payer en partie d'une somme de 60 000 f dont il se
trouve à découvert vis-à-vis de *Roger*, l'interrogea. . . .

Ce rapport est très long. Il y est constamment question
de Roger.

Affiche, pour vente approuvée le 1 germinal an XIII, à
Nantes, de 900 bouteilles liqueurs, eau de vie d'Andaye,

vins muscat, anisette,... Et 15 barils eau de vie d'Andaye et anisette. Et 12 caisses-id-et vins blancs. Et 184 barriques vin de Bordeaux rouge. Et 6 barils de cendres gravelées. Et un poids considérable de plomb, en saumons. Etc...

Il y a dans ce dossier bien d'autres pièces où il est question de Roger. Je n'ai vu aucune autre trace de démarches en sa faveur que la lettre du 17 nivôse an XIII que j'ai donnée plus haut.

ARCHIVES NATIONALES

Police générale. — Affaires Politiques

(F. 7. 6358)

———

POLICE GÉNÉRALE
—
3ᵉ Arrondissement
—
Nᵒ 80
BUREAU PARTICULIER

MINISTÈRE DE LA POLICE GÉNÉRALE

PARIS, le 11 Thermidor an 13.

Le Conseiller d'Etat chargé du troisième Arrondissement
de la Police générale de l'Empire,

A Monsieur Le Conseiller d'Etat chargé du 1ᵉʳ Arrondissement de la Police Générale de l'Empire.

Le 15 ventose dernier, Monsieur et cher collegue, Je vous ai
envoyé le dossier de l'Agence Anglaise, sur la demande que
vous m'en aviez faite. Vous ne m'en avez pas accusé la
réception. J'aurais besoin des pièces de ce dossier pour
examiner quelle est la détermination qu'il convient de prendre
relativement à Roger qui est encore détenu à Bordeaux pour
cette affaire. Il sollicite vivement sa mise en liberté, et comme,
d'après les preuves acquises à Bordeaux, il n'est pas plus
coupable que les frères Cesbron qui l'ont obtenue, on ne peut
pas se refuser à accueillir sa demande, s'il n'est pas compromis
par l'instruction qui a eu lieu à Nantes sur la même affaire. Je
vous prie de me repondre ladessus et de me renvoyer le
dossier s'il ne vous est plus nécessaire.

Agréez, Monsieur et cher Collegue, l'assurance de mes
sentimens affectueux.

[Signé :] PELET.

<table>
<tr><td>

BUREAU

PARTICULIER

—

Nº 1294

</td><td>

BORDEAUX, le 19 Vendémiaire an 14.

Le Commissaire Général De Police,

A Monsieur Le Conseiller d'Etat chargé du 3eme arrondissement de la Police générale de l'Empire.

</td></tr>
</table>

MONSIEUR LE CONSEILLER D'ETAT,

En exécution des ordres contenus dans votre Lettre du 9 vendémiaire, j'ai l'honneur de vous prévenir que les frères *Michel* et *Jemmy Cesbron* sont arrêtés : qu'Elie Papin, malgrè les recherches les plus exactes et de la Police et de la Gendarmerie Impériale, tant à la ville qu'à diverses Campagnes, n'a pu être saisi.

Pour exécuter les dispositions du Decret Imperial, du 1er Complémentaire, portant que les individus fesant Partie de L'agence Anglaise, seront traduits à Nantes pour y être Jugés par une Commission Militaire, J'écris au Commandant de la gendarmerie afin d'opérer sous bonne et sure escorte, la Translation de *Roger* fils ainé et des frères *Cesbron*, dans les Prisons de Nantes. Je recommande le plus grand soin pour l'exécution de cette Opération.

J'ai l'honneur de vous saluer avec un très profond Respect

[Signé :] Pierre PIERRE.

<table>
<tr><td>

CÓPIE

—

GENDARMERIE

IMPÉRIALE

—

7ᵉ Légion

—

14ᵉ Escadron

Nᵉ 2206

</td><td>

COMMISSARIAT-GÉNÉRAL DE POLICE
DE BORDEAUX

BORDEAUX le 20 Vendémiaire an 14.

Le Capitaine commandant la compagnie de gendarmerie Impériale du département de la Gironde.

A Monsieur le commissaire Général de police, à Bordeaux.

</td></tr>
</table>

MONSIEUR

En exécution de votre lettre en date du jour d'hier m'aportant Requisition de faire transferer par mes sous-ordres dans les prisons de Nantes le nommé *Roger* fils ainé et les frères

Michel et Jemmy *Cesbron* pour y être jugés par une commi-
sion Militaire, J'ai l'honneur de vous instruire que le 22 du
courant j'ai décidé que les deux derniers seraient mis en
route et le premier le 23 dudit pour être conduits de brigade
en brigade à leur destination. Cette mesure m'a paru la plus
propre pour éviter entre ces trois prévenus en route toute
discussion; en outre tenant beaucoup qu'ils arrivent en toute
sureté à Nantes, ainsi que me le prescrivent les ordres de S. E.
le ministre de la police générale. Je les fais escorter de
brigade en brigade par six gendarmes, pour arreter toute
prétention à ceux qui voudraient se permettre de faire
quelques tentatives à leur procurer leur liberté.

J'ai l'honneur de vous saluer

signé trigaut Geneste

POUR COPIE CONFORME :

Le Secrétaire général

[Signé :] BABUT.

1ᵉʳ ARRONDISSEMENT   POLICE GÉNÉRALE DE L'EMPIRE

N° 3166

PARIS, le 7 Brumaire an 14.

Le Conseiller d'Etat, l'un des Commandans de la
Légion d'honneur, chargé du 1ᵉʳ Arrondissement
de la Police générale,

A Monsieur le Conseiller d'Etat chargé du troisᵉ
Arrondᵗ de la police générale.

Une lettre, Monsieur et cher Collegue, de Monsieur le Général Commandant la 12ᵉ Division Militaire, m'annonce l'arrivée
à Nantes des deux frères *Cesbron* arrêtés à Bordeaux; Roger
fils aîné n'était pas avec eux, et cependant il était en arrestion depuis longtems au chateau trompette. Je vous prie mon
cher Collegue, de vous faire rendre compte des motifs du
retard de la translation de ce prévenu et dans tous les cas de
prescrire à Monsieur le Préfet de la Gironde de faire conduire
sans délai Roger à la Commission militaire de Nantes.

J'attendrai le résultat des ordres que vous allez donner pour
en transmettre l'avis à Monsieur le Général Commandant. /.

Agréez Monsieur et cher Collegue l'assurance de mon
sincère attachement.

[Signé :] RÉAL.

N° 3166   Paris, le 3 Janvier 1806.

J'ai reçu, Monsieur et cher collègue, votre lettre du 3 Nivose, et donné ordre au Commissaire Général de Police de Bordeaux de faire exécuter la décision que vous m'annoncez avoir été prise le 29 frimaire à l'égard de Michel et Jemmi Cesbron freres et de Roger. Des qu'il m'aura informé des lieux que ces trois individus auront choisi pour leur résidence, Je m'empresserai de vous en faire part.

Recevez, Monsieur et cher Collegue, l'assurance de mes sentimens affectueux.

Le Conseiller d'État
chargé du 3e arrond^t de police G^{le}
[Signé :] Pelet.

Monsieur le Conseiller d'État chargé du 1er arrond^t de la Police G^{le}

GIRONDE
—
ACENCE ANGLAISE
—
Le Sr Roger
demande l'autorisation
de
résider à Bordeaux

Paris, le 16 Mars 1806.

Rapport à son Excellence
le Sénateur Ministre

J'avais adressé à mon collegue Réal, comme étant plus particulierement chargé de l'exécution du Jugement rendu par la commission militaire de Nantes, le 24 frimaire dernier, une pétition que le Sr Roger a présentée à votre Excellence, pour demander d'etre autorisé à résider à Bordeaux, où à transporter à Paris son entrepot de liqueurs. Mon collegue m'a renvoyé cette pétition et m'a annoncé que votre Excellence venait d'autoriser les freres Michel et Jemmi *Cesbron* a résider à Bordeaux sous la surveillance des autorités locales.

Le Sr Roger se trouvant dans le même cas que les sieurs Cesbron freres, et étant d'ailleurs père d'une famille nombreuse peu fortunée, Je vous propose de lui accorder comme à eux la permission de résider à Bordeaux sous la surveillance des autorités locales./.

En marge, en haut, on a écrit : *app*.

Bordeaux 25 Mars 1809.

Monsieur le conseiller d'état,

Le S^r Jⁿ B^{ste} augustin *Roger* ainé, qui, d'après les ordres de S. Ex. le sénateur Ministre, a été placé sous ma surveillance comme ayant figuré dans l'agence Anglaise, vient de m'exposer la facheuse situation où il se trouve réduit dans cette ville avec sa famille, et la nécessité de se rendre à Bayonne où il a l'espoir d'activer avantageusement sa fabrique de liqueurs. Ce double motif m'a déterminé surtout dans l'intérêt des enfans du Sr *Roger*, à délivrer à ce dernier une autorisation provisoire à la charge de rester sous la surveillance de M^r le sous préfet de Bayonne à qui j'en ai donné avis. Je m'empresse, Monsieur le conseiller-d'état, de vous faire part de cette mesure.

J'ai l'honneur de vous saluer avec respect;

Le Commissaire Général de Police.
[Signé :] Pierre Pierre.

Monsieur le Conseiller d'état chargé du 2e arrond^t de la police g^{ale}

2me DIVISION   Paris le   Juin 1809.

A Monsieur Le Commissaire General de Police
a Bayonne

Il a été délivré, Monsieur, à Bordeaux, sur la fin du mois de Mars d^{er}, un Passeport au Sr Jean Baptiste Augustin Roger fils ainé Pour se rendre à Bayonne où Il s'est dit appelé pour raison des affaires de sa fabrique de Liqueurs. Ce négociant a figuré dans l'Ancienne agence de Bordeaux ditte l'Institut : Il a, depuis, été arrêté En l'an 13 dans l'affaire des Plombs Comme gravement impliqué dans les manœuvres de Ceris et forestier, Et quoiqu'il ait été acquitté dans le tems par la Commission Militaire, Il n'En a pas moins été Considéré d'après les résultats de l'Instruction Comme infiniment suspect. Je vous invite, Monsieur, a porter sur Lui une attention particulière, à vous assurer de sa conduite depuis qu'il Est dans votre ville, de ses Liaisons et Correspondances et à me faire part du résultat de vos observations et de votre Examen à cet Egard.

Recevez, Monsieur, l'assurance de mon sincère attachement.

En marge, d'une autre écriture, il y a :

inutile. M. le com^{re} g^{al} de Bayonne est informé il a entendu le S Roger et fait connaitre le résultat de ses informations.

MONSEIGNEUR

J'ai l'honneur d'adresser à Votre Excellence l'interrogatoire que j'ai fait subir au sieur Roger d'après les instructions contenues dans votre lettre du 30 juin ; je n'ai rien négligé pour l'amener à des aveux sur les détails qu'il pouvoit connoitre relativement aux intrigues de *Céris, Papin* et autres affidés de l'agence Anglaise ; et je suis disposé à croire que dans l'affaire où cet homme a été Compromis il a été plus malheureux que coupable. Le ressentiment qu'il porte à Papin m'a paru des plus prononcés ; non seulement, il a éprouvé des pertes dans un armement pour la Louisiane où il s'étoit intéressé avec lui et dont il n'a pu obtenir aucun compte quoiqu'il y ait eu des retours ; mais à sa sortie des prisons de Nantes, il apprit que Papin, caché à Bordeaux, l'avoit signalé à toutes ses Connoissances comme un vil dénonciateur, propos qui faillit engager un duel dans un diner où se trouvoit un ami de Roger qui en fut indigné.

Ici, résumé de l'interrogatoire de Roger, du 11 juillet 1809. On lui montre une lettre et on lui demande qui l'a écrite. On l'interroge sur diverses personnes. A tout, Roger répond ne rien savoir.

Le sieur Roger essaye de former ici un établissement de commerce où lui et ses associés n'ont pas fait des affaires très Brillantes jusqu'à ce jour. Il espère qu'en obtenant la levée de sa surveillance il pourroit donner à son entreprise plus d'activité et qu'il se procurerait, par quelques voyages, des relations utiles.

J'ai l'honneur de faire le renvoi à Votre Excellence de la lettre qu'elle m'avoit communiquée.

Daignez, Monseigneur, agréer l'hommage de mon respectueux dévouement.

Bayonne ce 13 juillet 1809.

Le Commissaire Général de Police.
[Signé :] Devilliers.

S. E. le Sénateur Ministre de la police Générale.

A Son Excellence Le Duc d'Otrante,
Ministre de la police Générale

Monseigneur,

Le Décret du 3 Mars de la présente année, relatif aux individus mis en surveillance, engage le soussigné à mettre sous vos yeux un court narré des événemens qui ont occasionné ses malheurs, et le retiennent encore, sans qu'il en sache le motif, sous la surveillance de la police générale.

Roger aîné, né à Bordeaux, ex-capitaine au 12e régiment de hussards, réformé pour cause de maladie, et père de cinq enfants, fut arrêté le 1er Jour complémentaire an 12, comme soupçonné d'intelligence avec les Bourbons. Pendant son arrestion qui dura quinze mois, le gouvernement lui fit vendre, comme domaine national, la quantité de Cent-douze balles de laine d'une valeur de 75 000f plus ses vins et liqueurs, entreposés à Nantes, et, d'une valeur de 15 à 20 000f le tout sur le rapport fait à M. le commissaire général de police, à Bordeaux, que le centre des balles de laine renfermoit de la poudre à Canon, et que les bouteilles au lieu d'être pleines de vins et liqueurs, contenaient aussi de la poudre. Les balles de laine furent ouvertes, les liqueurs vérifiées, et cependant, quoiqu'on n'y trouvât point ce qu'on y cherchoit, ces divers objets furent vendus dans le mois de fructidor an 13 publiquement et à vil prix, puisque la vente des laines ne produisit que 18 000f dont 6 000f furent consommés en frais et les 12 000f restant versés dans la caisse du domaine. au mois de Brumaire an 13, un Décret impérial ordonna la mise en jugement, à Nantes, des prévenus de conspiration, qui étaient détenus depuis treize mois. en conséquence, le petitionnaire y fut transféré et jugé, le quarante deuxième jour, par une commission spéciale et militaire, qui l'acquitta à l'unanimité. Dix-sept jours après ce jugement, il fut mis en surveillance extraordinaire, et n'a

cessé d'y être depuis cinq ans. Une mesure aussi contradic-
toire avec son jugement que préjudiciable à ses intérêts et
à ceux de sa famille, puisqu'il ne peut librement vaquer à ses
affaires et voyager, l'a réduit lui, sa femme et ses enfants,
à une affreuse misère; outre que, quoique absous, on ne lui
a rien restitué de la valeur de ses laines, vins et liqueurs.

Le soussigné supplie Votre Excellence, de mettre sous les
yeux de sa MAJESTÉ L'EMPEREUR ET ROI, dans le premier
conseil privé qui doit avoir lieu, le tableau de sa situation avec,
l'exposé ci-dessus; et il n'hésite pas à espérer de la justice
de sa Majesté, la cessation de sa surveillance.

Il a l'honneur d'être, avec un profond respect
de Votre Excellence
Le très humble et très obéissant serviteur

BAYONNE, le 23 avril 1810. /.

2ᵉ ARROND^ᵗ   Le 6 février 1812.

Roger en surveillance à Bayonne par une suite de Jug^t rendu
par la Comm^{on} militaire séant à Nantes le 23 frimaire an 14.

On Propose à S. E. de l'autoriser à venir passer 3 mois à
Paris pendant lesquels il y sera sous la surveillance de la
Police.

Par le Ministre approuvé. /.

A Son Excellence
Monseigneur, Le Ministre de l'Intérieur

MONSEIGNEUR,

Mon Père, monsieur Roger, ex-Colonel de Gendarmerie,
vient de m'écrire, pour que je sollicite des bontés de Votre
Excellence, de vouloir bien me faire délivrer *les Extraits* des
Interrogatoires visés et certifiés, que monsieur Le Général
D'Aniaud Du Perrat, subit à Saintes lors de son arrestation
en 1804, de même que ceux du sieur *Laplène, Agent de Change*,
qui fut arrêté le 1ᵉʳ Jour complémentaire pour la même affaire.

J'ose espérer Monseigneur, que VOTRE EXCELLENCE, daignera
avoir égard à la demande que j'ai l'honneur de lui adresser

aujourd'hui pour mon Père. L'obtention des pièces que j'ai l'honneur de prier Votre Excellence, de me faire délivrer, étant de la plus grande importance pour les intérêts de mon Père et ceux de toute sa famille.

Je suis avec le plus profond respect Monseigneur

De Votre Excellence

Le très humble et très obéissant serviteur

[Signé :] E. ROGER

Cap⁰ᵉ Brigdʳ aux gardes du Roi-Compⁱᵉ de Noailles

PARIS le 30 mai 1827 rue de l'Université n⁰ 88

Monsieur Roger a l'honneur de prier Monsieur Le Directeur Général de la Police, de vouloir bien lui faire délivrer un *Extrait des premiers Interrogatoires* que le Général Du Perrat subit à Saintes, quand il y fut arrêté en 1804. dans ces interrogatoires, il doit être question *d'une somme de 32 000 francs*, dont Mr Roger fit la remise à Mr Le Gᵃˡ du Perrat; et lorsque Mr Du Perrat fut arrêté, on s'empara de ces mêmes valeurs, qui dit-il, lui avaient été remise par le Sr Laplene afin d'éviter la plus prompte arrestation à Mr Roger, qui cependant le fut à la même époque.

Mr Roger désirerait aussi obtenir les bontés de Monsieur Le Directeur Général, *l'extrait de l'interrogatoire* que le sieur Laplene negᵗ, subit à Bordeaux, *le 1ᵉʳ Jour complémentaire de l'an 12* et suivans, d'après lequel, il déclara n'avoir donné les lettres de change de 32 000 francs qu'à Mr Roger et non au Gᵃˡ Du Perrat qu'il ne connaissait pas.

Monsieur Roger, ayant l'espoir de rentrer dans cette somme de 32 000 francs, qu'il perdit avec tant d'autres à l'époque où il fut arrêté en 1804. ose esperer, que Monsieur le Directeur Général voudra bien lui faire délivrer ce qu'il lui demande en grâce.

rue de l'Université 88

On lui répond, le 2 juin 1827, que les pièces qu'il demande « ne se trouvent point aux archives de la Police Générale du Royaume »

PIÈCES APPARTENANT A LA MAISON

MARIE BRIZARD & ROGER

Bordeaux le 19. Messidor an 13./.

On vous trompe ainsi qu'à mes freres de la manière la plus odieuse, en vous fesant croire, Maman, que j'ai laissé la maison dans un état pitoyable, et ceux qui veulent ainsi vous en faire accroire ne cherchent sans doute à semer la mésintelligence dans notre famille que pour profiter de ma détention et de l'inexpérience de mes freres pour nous dépouiller à tous.

Quoique *Prisonnier* et malheureux, je n'en ai pas moins découvert cette odieuse trame; . . . . .

Je n'ai point besoin, Maman, que vous preniez sur la faible somme de 6 000 francs de Pension que vous vous êtes réservée pour vos besoins celle de 2 400 f pour pourvoir aux miens et à Ceux de ma famille pendant un an. mon tiers aux Bénéfices y pourvoira et me mettrait plutôt à même de vous faire des offres, pour rendre votre situation plus heureuse, que de vous imposer des privations particulieres pour me secourir.

Vous recevrez, maman, dans le courant de la Journée tous mes Comptes de Gestion, et l'état exact de la situation de la nouvelle maison lors de mon arrestation. vous y verrez qu'il en résulte que dans le courant de cette Gestion contre la quelle on cherche à vous prévenir et à vous indisposer aussi cruelle-ment, j'ai gagné à la maison net de tous frais F = 41 340„12 C^{mes} dont les 3/4 vous reviennent (ils ont été absorbés par tout ce que j'ai payé pour vous et bien audelà) et que quant aux dettes que j'ai laissées à payer provenant de ma Gestion, j'ai laissé pour les aquitter. . . . . Vous voyez donc, Maman, qu'en supposant que mes freres n'aient pas mieux géré que moi, il doit toujours résulter un bénéfice égal au mien, C'est-à-dire

de 41 340„12 (depuis mon arrestation jusqu'à ce Jour) parconsé-
quent, déduisant de cette somme, 6 000 francs pour la Pension
que vous vous étes réservée d'après le Contrat. passé par
Mr Colignan, et celle d'environ 8 000 francs pour les rentes
que la maison doit annuellement, il restera toujours un bénéfice net de 27 340 francs 12 C^mes, ce qui fera pour mon 1/3
9 113 francs 37 C^mes somme qui avec de l'économie peut suffire
à mes besoins, à l'éducation de ma famille déjà nombreuse. . .

Mémoire

pour les sieurs Roger contre le sieur Lastrapes

Bordeaux 1826 [27 pages d'impression].

A Messieurs Les Président et Conseillers
à la Cour Royale, séant à Bordeaux.

MESSIEURS,

Nous avons été assignés devant le Tribunal de commerce
de cette ville, en 1806, par le sieur Mossion, Syndic des
créanciers de la maison Laplaine et Lastrapes ; en 1814, par
le sieur Lastrapes, liquidateur de la même maison.
. . . . . . Aussitôt qu'ils [les comptes] nous furent remis,
dès le 29 juin 1805, nous répondimes au sieur Laplaine
qu'il confondait des opérations de diverses natures. Il pouvait
avoir fait quelques avances à notre maison ; mais il en avait
fait de considérables à notre frère aîné en particulier ; nous
étions tenus des premières, non des secondes. . . . . .
Nous avions déclaré aux experts, aux premiers juges, que
de tous les livres que tenait notre maison en 1804, il nous était
resté un seul brouillard qui constatait nos affaires, jour par
jour, depuis le 25 Messidor an 11, jusqu'au 30 Termidor an 12 ;
que l'on n'y trouvait aucune trace des opérations. immenses
que notre frere aîné faisait avec la maison Laplaine et
Lestrapes. . . . .
Son arrêt [de la Cour] est du 5 juillet 1825. . . Cependant
dit l'arrêt : il est certain que la maison Marie Brizard & Roger
a eu des livres de commerce, notamment à l'époque de la

suspension de ses paiemens et de l'espèce de bilan qu'elle présenta alors à ses créanciers.

Nous répondons : il est possible que notre maison eût des livres avant l'arrestation de notre frère aîné; nous le croyons même, et si notre langage est douteux, c'est qu'à cette époque nous étions très jeunes l'un et l'autre. L'un de nous était aspirant de marine, l'autre s'occupait fort peu des affaires; notre frère aîné gérait. tout, connaissait tout et cachait tout à notre jeunesse peu curieuse.

Il fut arrêté; il brûla beaucoup de papiers, il en emporta d'autres dans la prison du Fort du Hà. Il devait y avoir dans notre comptoir un livre de caisse; il disparut avec tous les autres; on ne nous laissa que le brouillard que nous représentons.

On pense que nous avions des livres à l'époque de notre suspension de paiement : c'est notre bilan qui le fait croire. Nous répétons que nous n'avions pas de livres à l'époque de notre suspension de paiemens ; M. Roger aîné avait du fond de sa prison rédigé un état de situation de nos affaires ; . . . Nous avons rédigé notre bilan sur ce document; nous l'avons présenté à nos créanciers; nous leur avons demandé un an de délai, qu'ils nous ont accordé, mais nous leur avons dit en même temps que notre frère avait fait des opérations qui lui étaient personnelles; que nous le savions engagé pour d'assez fortes sommes ; qu'il n'était pas juste que notre maison déjà gênée payât ses dettes. . . . . .

Il est notoire qu'en l'an **12**, il y eut une conspiration contre le gouvernement impérial dont le centre était à Nantes et dont les ramifications s'étendaient à Bordeaux. Notre frère aîné était à Bordeaux son agent le plus actif. Il fut arrêté le 3e jour complémentaire de l'an **12**.

Nous produisons une lettre de M. Pierre Pierre, Commissaire-général de police à M. le Commissaire-général de police à Nantes; elle est du 5me jour complémentaire de l'an 12; nous la copions ici : « Monsieur, ma lettre du 3me jour complé-
» mentaire vous aura annoncé que j'ai rempli en partie le vœu
» de votre lettre du 29 fructidor. Je vous adresse aujourd'hui
» copie de l'interrogataire subi par Roger fils aîné et un extrait
» conforme du livre brouillard du dit Roger, contenant les
» envois de marchandises et l'état de sa situation commer-
» ciale avec Daniaud. . . . . Agréez. . . . . Pierre Pierre.
» P. S. Roger est détenu au dépôt. »

Cette lettre prouve. . . . . que notre frère fut arrêté comme conspirateur. Elle prouve encore que la police ne trouva d'autres renseignemens que notre livre brouillard ; les autres ont été cachés, ou enlevés, ou détruits non par nous qui n'avons connu le péril de notre frère qu'après son arrestation, mais par lui-même qui sans doute avait été prévenu.

M. P^re Pierre écrivait encore le 9 Vendémiaire an 13, à M. le Commissaire-général de police à Nantes : « Monsieur
» le Commissaire général, je vous adresse copie du troisième
» interrogatoire que j'ai fait faire à Roger fils aîné, surtout
» sur les laines dont vous entretient ma précédente. Ses
» réponses sont loin de présenter une justification satisfai-
» sante sur cet objet. Orion et Daniaud vous fixeront sur le
» véritable propriétaire de cette marchandise que je tiendrai
» à ma disposition jusqu'à décision supérieure. Depuis ma
» lettre du 3 de ce mois qui vous informait d'une négociation
» de 70 000 fr. de traites, faites en Floréal pour le compte
» de Roger fils ainé et tirées de Madrid par M. Diégo Carrera,
» j'ai découvert que M. Acquart Vreillac, lié avec Roger et
» Gogué dit avoir reçu en Prairial, une somme de 111 643 fr. 48 c.
» de M. Otard, négociant à Bordeaux, qui avait eu l'ordre du
» même Diégo Carrera de les compter. Il parait certain que
» c'est à cette source que les conspirateurs puisaient les
» fonds. Je vous adresse copie du bordereau des traites
» remises à Laplaine, agent de change, par Vreillac. . . . . .
» je vous observerai que Acquart Vreillac n'a nul crédit sur
» la place et que personne ne lui eût avancé même la modique
» somme de cent francs. Recevez. . . . . . »

Les livres de notre maison, surtout le livre de caisse devaient faire quelque mention de cet immense maniement de fonds ; ils pouvaient apprendre à une police active et habile, quelles étaient les relations de notre frère, quelle était la source de ces crédits, si disproportionnés avec notre modeste magasin de liqueurs. La prudence la plus commune conseillait de les soustraire à des regards ennemis ; qui s'étonnera que notre frère ait su prendre cette précaution ?. . .

. . . . . . Après son arrestation nous avons trouvé notre maison abandonnée ; nous y sommes entré sans la connaître ; nos créanciers ont été touchés de notre embarras ; un seul en a abusé et nous plaidons encore contre lui. . . . . .

Les affaires de notre maison étaient et sont encore très peu variées; achats de sucre et d'eau-de-vie; conversion de ces denrées en liqueurs; ventes de ces liqueurs : voilà tout notre commerce. . . . . . .

Notre frère aîné avait pris MM. Laplaine et Lastrapes pour banquiers, dans ses entreprises politiques. . . . . . .

N'oublions pas un fait qui ne saurait être dénié. Roger aîné a géré la maison Marie Brizard & Roger, mais en même temps, il a fait des opérations pour son compte. . .

. . . .

Partant, il plaira à la Cour mettre l'appel du sieur Lastrapes au néant. . . . .

LA JOURNÉE DE BORDEAUX

au 12 Mars 1814

RENVERSEMENT DE L'EMPIRE
PROCLAMATION DE LA ROYAUTÉ

**Exposé fidèle des faits authentiquement prouvés
qui ont précédé et amené**

**LA JOURNÉE DE BORDEAUX
au 12 Mars 1814**

Par M. J.-S. ROLLAC (Paris, . . . , 1816)

Rapport

de M. Roger, colonel, chevalier de St-Louis, à M. Rollac

[P. 173 à 191.]

Les rapports d'amitié qui existent entre nous depuis dix-
neuf ans doivent leur naissance à des sentimens trop
louables, puisque c'est en agissant de concert pour la cause
sacrée des Bourbons, que ces rapports devinrent plus intimes,
pour que je vous laisse ignorer, mon cher Rollac, la conversation que j'eus, au mois de mai 1813, avec M. ***, qui se disait
alors envoyé de M. le comte de Blacas, ministre à Londres de
Sa Majesté Louis XVIII.

J'arrivai de Bayonne à Bordeaux, le 9 mai 1813; je me
rendais à Libourne pour y régler la succession de ma belle-
mère, qui venait de mourir, dans la matinée du 10. Des affaires

qui m'étaient personnelles m'appelèrent aux Chartrons : j'avais dépassé la maison Fenwick, lorsque j'aperçus M. *** occupé à causer avec un courtier de navire ; il s'en sépara à l'instant, et, m'accostant avec un sentiment de joie inexprimable, il me dit avec l'accent de l'enthousiasme, qu'il avait des choses de la plus haute importance à me communiquer ; qu'il se croyait trop heureux de m'avoir rencontré à Bordeaux, car j'étais le seul, à son avis, qui pût lui donner les renseignemens exacts sur l'opinion des Bordelais, et sur ce qu'ils se proposaient de faire pour les Bourbons, dans la crise où était la France.

Vous savez, mon ami, comment je connus M. *** à Bordeaux ; notre liaison ne fut jamais intime, puisqu'elle fut passagère et je vous avoue que, malgré tout le désir que j'éprouvais de me jeter avec abandon dans les bras de tous ceux qui voudraient me seconder pour renverser le trône de l'usurpateur, et rappeler les Bourbons ; je vous avoue, dis-je, que, n'ayant jamais vu figurer M. *** dans nos comités secrets ni dans notre organisation royale de 1796 à 1804, je ne me livrai à toutes ses questions qu'avec la plus grande réserve.

Il me conduisit chez lui, où vint nous joindre M. B....., son associé. Ce fut là qu'il me pria, avec instance de lui donner un rapport exact sur l'organisation royale de l'institut de Bordeaux, qui existait depuis 1796, m'assurant qu'il ne pourrait pas donner à M. de Blacas une plus haute idée de la mission dont il en avait été honoré, qu'en lui présentant un rapport rédigé par moi, qu'il regardait comme le seul qui pût l'établir sur des bases certaines.

Les évènemens dont j'avais été victime depuis 1804, la surveillance rigoureuse qui pesait sur ma tête, les vexations dont m'avait accablé le commissaire général de police de Bayonne, et les recommandations qui m'avaient précédé à mon départ de cette ville, mais surtout la légèreté et le peu de moyens que je remarquai dans la manière de s'exprimer du sieur ***, me donnèrent une idée si désavantageuse d'un tel envoyé, que je n'osai me livrer à lui ; seulement, pour m'en débarrasser, et même pour avoir l'occasion de le juger dans la suite, je lui indiquai cinq personnes que je croyais capables de diriger la nouvelle organisation de la Gùienne, si on voulait se décider à la seconder franchement en Angleterre. C'est ici le cas de vous faire observer que de ces cinq personnes, dont M. *** inscrivit lui-même les noms sur un très petit morceau de papier, une seule a figuré au 12 mars 1814, parce que je

l'avais moi-même désignée à M. Taffard de Saint-Germain.
Il est donc faux que j'aie donné aucun renseignement par
écrit à M. *** : tout ce qu'il aura dit à cet égard à M. de Blacas
fut inventé par lui pour se donner de l'importance auprès de
ce ministre de Sa Majesté.

Je ne revis plus M. ***, et M. Taffard de Saint-Germain, avec
lequel je causai de lui, vers la fin du mois de mai, m'exhorta
à le fuir, me protestant que sa mission était supposée, puisque,
d'après des documens qu'il venait de recevoir de Londres,
vous étiez le seul avec lequel MM. les comtes de Blacas et de
la Châtre avaient des rapports, et que c'était vous qui aviez
désigné les individus qui devaient être chargés de l'organisation secrète de Bordeaux et de la Vendée; que, d'ailleurs,
vous lui aviez expressément recommandé de se méfier de M.***.

Voilà, mon ami, où se bornèrent les soi-disant communi-
cations importantes que je fis au sieur ***. J'ai dû vous les
rapporter avec franchise et pour mon honneur et pour votre
satisfaction; car, en me livrant à lui, c'eût été donner une idée
peu favorable de mes principes et de ma délicatesse, et vous
dépouiller, en quelque sorte, du mérite réservé à vous seul,
d'avoir fait éclore la journée du 12 mars 1814.

Quoique je sache bien que MM. Taffard de Saint-Germain
et Bontems-Dubarry, nos amis communs, auront dû vous
transmettre les détails des événemens de cette mémorable
journée, je ne peux cependant résister au désir de vous en
parler aussi, et de vous signaler quelques faits qui me sont
personnels, quoiqu'ils soient antérieurs à cette célèbre époque
de la restauration. En vous les communiquant, je n'éprouve
que le désir de vous indiquer des personnes qui ont puissam-
ment concouru à la gloire acquise : plusieurs Bordelais ont
livré au public quelques réflexions sur les circonstances qui
accompagnèrent ce beau jour; mais leur récit eût été bien
plus intéressant, s'ils l'avaient fait précéder par des observations qui eussent rappelé les mystères qui préparèrent
une époque où toute la ville de Bordeaux participa en masse,
mais dont l'essort n'est dû qu'à un très petit nombre de
personnes.

Je viens à mon but, et je remonte au mois de novembre 1813.
Les événemens militaires se succédaient avec une telle rapidité
au nord et au sud de l'Europe; le mécontentement des Français
était si général, les inquiétudes des uns sur le renversement
du gouvernement, les espérances des autres sur sa prochaine

fin, rendaient les actes des autorités si incertains, si réservés, et annonçaient aux vrais amis du Roi la chute de l'usurpateur tellement rapprochée, que je résolus, au péril de ma vie, de quitter Libourne, lieu de ma surveillance, pour aller joindre, à Bordeaux, M. Taffard de Saint-Germain, que vous y aviez fait nommer commissaire du Roi. Je revins donc à Bordeaux dans les premier jours du mois de novembre ; je m'y rendis sans passe-port ; seulement je prévins M. le sous-préfet *Lagrèze* que des affaires de famille m'appelaient à Bordeaux, où je resterais peu de jours. Je lui annonçai mon départ moins pour me soumettre aux obligations de ma surveillance, dont il était responsable, que pour me mettre à l'abri des persécutions de M. *Joliclair*, commissaire-général de police. Cette précaution me devint très utile.

Il y avait à peine huit jours que j'étais dans Bordeaux, lorsque je reçus une lettre de ma femme, qui m'annonçait que M. Joliclair avait écrit à M. le sous-préfet Lagrèze, pour lui demander ce que j'étais venu faire à Bordeaux, et s'il m'avait autorisé à m'y rendre. M. le sous-préfet expliqua le motif de mon voyage, et répondit affirmativement. Alors le sieur Joliclair me fit prévenir de passer au commissariat général. J'hésitai pendant vingt quatre heures entre la résolution d'obéir à cet ordre, ou de me cacher ; mais quelques amis, auxquels je fis part de ma position, m'exhortèrent à me rendre au commissariat.

Je ne songe jamais à la conversation que j'eus avec ce chef de la police, sans être pénétré de la plus vive indignation contre lui, et être saisi d'un étonnement bien fondé de ce que cet homme, qu'on dit être celui qui fut commis pour arrêter le duc d'Enghien, et que l'on désigne comme le persécuteur des Génois, ait été remis en place peu de temps après la restauration. Voici les questions qu'il me fit :

En vertu de quel pouvoir êtes-vous venu à Bordeaux ? — J'en avais l'autorisation de M. le sous-préfet. — Que venez-vous y faire ? — Vaquer à mes affaires. — Pourquoi, dès votre arrivée, ne vous êtes-vous pas présenté au commissariat ? — J'ai dû négliger cette formalité, puisque je n'avais point de permis à faire enregistrer, et, d'ailleurs, pouvant justifier de l'autorisation verbale de M. le sous-préfet, j'ai pensé que cette mesure n'était point de rigueur, puisque je n'avais que peu de jours à séjourner à Bordeaux. — Quelle sorte d'affaires vous y appelle ? — La négociation d'un contrat de 2 500 fr. — Je le sais, et je suis certain que vous ne pourrez y réussir. C'est par cette raison que je vous ai mandé pour vous offrir le montant de votre contrat, sous la condition cependant que vous me désignerez les royalistes de la ville et leurs complots. — Je ne connais point ces royalistes et leurs complots. — Vous avez tort de ne pas m'avouer franchement leurs noms et leurs manœuvres, non seulement à cause de vos intérêts, mais parce qu'il est toujours glorieux pour un bon Français de signaler à l'autorité les factieux et les conspirateurs. Vous devez souffrir, me dit-il, de votre position, et si vous vous décidez enfin à me dévoiler la' plus petite chose, je vous promets, au nom de l'empereur, de placer vos enfans dans un lycée, et de vous accorder tel emploi civil ou militaire que vous pourrez désirer, et provisoirement de vous compter le montant de votre contrat. — Je vous répète, Monsieur, que je n'ai aucune connaissance des complots dont vous me parlez, et que je peux me passer de vos offres. — Il ajouta qu'*il était instruit* que je ne jouais aucun rôle parmi les conspirateurs, quoiqu'il me soupçonnât de ne pas être étranger aux cartes lancées dans le parterre de la salle de spectacle (1), à raison de la surveillance qui pesait sur ma tête ; mais qu'*il était informé* que, s'il y avait un mouvement dans Bordeaux, je serais désigné par les royalistes pour un commandement supérieur. — Je lui répondis que toutes ses présomptions étaient fausses, et je me disposais à sortir, lorsque, fermant la porte de son cabinet, que je venais d'ouvrir, il me dit : Je vous donne trois jours pour réfléchir à ce que je vous ai demandé. Ce délai expiré, je prendrai d'autres moyens pour savoir de vous, ce que vous refusez à la condescendance que j'ai eue avec vous aujourd'hui, par égard pour votre famille. Je sortis enfin de chez lui, en promettant de revenir ; mais en me promettant intérieurement le contraire.

J'avais à peine dépassé le seuil de cet antre infernal, que je fus me réfugier chez notre ami Badens, capitaine de la compagnie d'infanterie d'élite de la garde royale Bordelaise, formée, ainsi que toutes les autres, depuis le mois de juillet 1813 ; je restai caché chez lui jusqu'au 23 novembre. J'étais couché dans

---

(1) C'étaient M. Dangas, fils de madame Latapie de Bordeaux, M. Simon fils et M. Gipoulon, capitaine d'une compagnie. Sur les cartes qu'ils avaient jetées, était inscrit, je crois : *A bas le tyran ! vivent Louis XVIII et les Bourbons !*

le même lit qui avait servi à notre brave et digne ami M. le marquis de Larochejaquelein. Pendant tout le temps que je restài chez le brave Badens, j'eus pour compagnon de solitude le jeune Moureau, conscrit réfractaire, que cet ami avait accueilli chez lui, pour le soustraire aux recherches de la gendarmerie. Ce jeune homme, d'un royalisme prononcé, était doué d'une grande intelligence et d'un courage à toute épreuve.

M. Taffard de Saint-Germain, qui était venu me voir plusieurs fois chez notre ami Badens, m'ayant annoncé que M. Joliclair ne s'occupait plus de moi, ou feignait de ne plus y songer, m'avait décidé, par cet avis, à reparaître en public. Je jouis pendant une dizaine de jours d'une entière sécurité, qui fut de nouveau troublée par une invitation du commissaire-général de police, qui m'enjoignait de venir lui parler : c'était le 18 décembre; je résistai encore pendant vingt quatre heures à céder à cette invitation, présumant bien que cette deuxième serait orageuse; mais en ayant conféré avec M. Taffard de Saint-Germain, il insista pour que je subisse cette deuxième épreuve, me faisant sentir, par des observations justes, qu'il pourrait en tirer un avantage utile à nos desseins, et qu'il était par conséquent indispensable, pour le bien de la cause, que je n'hésitasse pas à lui donner cette preuve de mon dévouement; qu'au reste il me promettait de ne point m'abandonner à la vengeance de Joliclair, et qu'une vingtaine de braves entoureraient l'hôtel du commissariat-général de police, pour m'enlever de vive force, si j'y étais retenu prisonnier. Je me rendis donc, sur la foi de l'honneur, et pour le bien de la cause, chez M. Joliclair. Je ne vous parlerai pas, mon ami, de cette nouvelle conversation avec lui; ses questions furent absolument calquées sur les premières, et mes réponses, dans cette deuxième circonstance, absolument les mêmes; mais je dois vous observer que ma séance chez Joliclair étant plus longue que ne l'avaient fixée ceux qui veillaient à ma conservation (¹), ils s'imaginèrent que Joliclair me retenait prisonnier. Ils délibéraient entr'eux sur les moyens de pénétrer dans son bureau particulier où ils me supposaient retenu jusqu'à l'arrivée des gendarmes. Lorsque je sortis de

---

(¹) C'étaient MM. Taffard de Saint-Germain, Dubreuil, Jorset de Pommier, lieutenant de ma compagnie, le comte de Pontajon, sous-lieutenant, Peycherie fils, maréchal-des-logis chef, Badens, Dattagnan, et plusieurs volontaires de sa compagnie, dont je regrette bien sincèrement de ne pas savoir les noms.

l'hôtel et reparus au milieu de mes amis, ils m'apprirent leur résolution, qui m'émut jusqu'aux larmes: elle me rappelait, dans ce moment, ce que j'avais fait moi-même pour enlever des émigrés condamnés à mort, et je me sentis pénétré d'un sentiment de reconnaissance, qui s'accrut bien davantage, lorsqu'arrivés au café Helvétius, où nous nous rendîmes ensemble, ils me choisirent pour leur chef. Voici le brevet provisoire (¹) que me donna le commissaire du Roi. Ma compagnie fut donc organisée et désignée sous le nom de *Chevau-Légers de la garde royale bordelaise.*

L'organisation générale de nos compagnies royales étant achevée, grâce aux soins et à l'infatigable activité de M. Taffard de Saint-Germain, chacun des chefs sentant approcher l'heure de notre délivrance, tout le monde rivalisait de zèle et de dévouement; jamais une si noble cause n'avait inspiré (dans des circonstances semblables, mais dans un autre temps) un plus saint enthousiasme et autant de résolution.

M. Taffard de St.-Germain n'ayant à s'occuper que d'entretenir dans l'âme des royalistes ce feu sacré qui vivifiait toutes leurs actions, vint nous annoncer le 26 février au soir, en passant la revue de ma compagnie, que le même jour M. le comte Lynch, maire de Bordeaux, s'était réuni à notre cause, et que cette heureuse nouvelle lui avait été donnée par M.M. Tauzia, adjoint, et de Mondenard, secrétaire de la mairie, tous les deux intermédiaires et des nôtres. Le 27, M. Taffard eut une entrevue avec M. le maire; il nous assura aussi que M. le préfet, Val de Suzenai, se rangerait, en temps et lieu, sous nos bannières.

C'est ici le cas de vous observer que monseigneur l'archevêque de Bordeaux, qui gémissait, comme tous les amis du Roi,

---

(¹) M. Roger, je vous fais savoir que j'ai été chargé, par un ordre de S. M. Louis XVIII, qui m'a été transmis par ses ministres à Londres, d'organiser un corps royaliste dans la province de Guyenne, et que, d'après votre attachement à notre souverain légitime et votre capacité, je vous ai désigné pour commander la compagnie de cavalerie que vous avez formée d'après mes ordres.

Je vous déclare cependant que le présent brevet n'est que provisoire, jusqu'à ce qu'il ait obtenu la ratification de S. M. Je suis convaincu que le zèle, l'activité, le courage dont vous avez déjà donné des preuves en plusieurs occasions, ne se démentiront pas dans celle-ci, et qu'ils vous mériteront la bienveillance du Roi.

Signé, Taffard de Saint-Germain,

chargé de l'organisation d'un corps de royalistes

dans la province de Guyenne.

Bordeaux, *le 20 septembre 1813*

de la tyrannie de Bonaparte, ne fut informé que légérement de notre organisation, et que M. ***, s'est bien trompé, lorsqu'il a dit à M. le comte de Blacas que ce respectable prélat était, dès 1812, à la tête d'un conseil de royalistes.

Enfin, le 11 mars, à six heures, M. Taffard de Saint-Germain dépêcha des ordonnances à tous les chefs des compagnies. M. Lercaro l'aîné, sous-lieutenant dans celles des Chevau-Légers, qui était de service auprès de lui, me remit l'ordre du jour pour le lendemain, 12 mars 1814; je le communiquai à mes braves et loyaux cavaliers (1), et leur ordonnai de se trouver réunis à cinq heures du matin, dans les écuries du sieur Miquelet, loueur de chevaux, rue Leyteyre.

M. Taffard de Saint-Germain arriva à minuit, accompagné de M. Bontems Dubarry, notre chef d'escadron, pour nous annoncer quelques dispositions particulières qui étaient relatives à ma compagnie; je lui observai que nous dérogerions à son ordre, de nous réunir chez M. Désiré, rue Nationale, parce que les écuries de M. Miquelet étaient plus rapprochées de la commune.

Le 12 mars, à sept heures du matin, l'ordonnance que j'avais envoyée chez M. Taffard de Saint-Germain, m'apporta l'ordre ultérieur, que je fis exécuter sur-le-champ (2).

Dévoré d'une sainte impatience, désolé de ne pas jouir dès l'aurore de ce bonheur incomparable, dont nous goûtâmes

---

(1) *Ordre du 11 mars, six heures du soir.*
Les MM. du corps de cavalerie qui auront des chevaux à leur disposition, se réuniront samedi matin, à huit heures, chez M. Désiré, rue Nationale, où ils recevront des ordres ultérieurs : ceux qui n'auront point de chevaux se réuniront à dix heures et demie, sur la place Saint-Julien; ils se muniront d'une cocarde blanche dans la poche, qu'ils fixeront à leur chapeau au cri de *vive le Roi !* Une ordonnance se trouvera au cours d'Aquitaine, N° 76, pour y prendre l'ordre ultérieur.

Signé, Taffard de Saint-Germain.

(2) *Ordre du jour.* M. Roger enverra une ordonnance sur la route de Toulouse, à un quart de lieue de distance du port de la Maï. Dès que celui qui sera chargé de cette mission verra de loin revenir un soldat à cheval de la Garde municipale, vêtu de rouge, il se rendra auprès de M. le maire pour le prévenir; ce sera un indice que les Anglais approchent. Il suffira que cette estaffette parte à neuf heures précises. Après avoir rempli sa mission auprès de M. le maire, il se rendra au quartier du corps, qui montera sur-le-champ à cheval, pour se rendre à l'Hôtel-de-Ville.

Signé, Taffard de Saint-Germain.

toute la jouissance dans le courant de la journée, je me rendis, au retour de mes estaffettes, à la mairie, à la tête de mon détachement de cavalerie, et dès que je fus prévenu de l'arrivée de l'avant-garde de l'armée anglaise, je fus l'annoncer à M. le comte Lynch, qui me dit être prêt à se rendre au-devant du lord Béresford. Je descendis à la hâte dans la cour de la mairie, fis atteler les chevaux à la voiture de M. le maire, et j'envoyai sur-le-champ M. Moureau l'aîné, suivant l'ordre de M. Taffard de Saint-Germain, pour faire hisser, au premier coup de canon, le drapeau blanc sur la tour de l'église de Saint-Michel. Dès que M. le maire eut monté dans sa voiture, suivi de celle de M. Taffard de Saint-Germain, de MM. les membres du Conseil royal et de MM. les adjoints du maire, je me portai à cent pas en avant du cortège, et ne m'arrêtai qu'à la jonction des deux chemins de Saint-Julien et des Capucins (route de Toulouse et de Bayonne), où nous rencontrâmes lord Béresford avec tout son état-major. Alors M. Lynch descendit de sa voiture, ainsi que M. le commissaire du Roi et les membres du Conseil royal. Il monta sur un cheval qui lui était destiné, et harangua le noble lord. Son discours achevé, il jeta son écharpe rouge, prit la blanche, et cria avec chaleur : *Vive le Roi ! Vivent les Bourbons !* A l'instant nous arborâmes tous la cocarde blanche, pour laquelle nous soupirions depuis si long-temps, et nous reprîmes le chemin de la mairie où nous accompagnames le noble lord. A peine nous y arrivâmes, que M. le duc de Guiche y descendit annoncer la présence prochaine de S. A. R. Monseigneur le duc d'Angoulême.

A cette nouvelle inattendue pour ce même jour, nous prîmes de nouveau la route de Toulouse, où une foule de personnes à pied, à cheval, se précipitèrent pour jouir les premiers de la vue de ce bon prince. Je fis halte au pont de la Maï, où j'avais l'ordre de m'arrêter avec mon détachement. A deux ou trois heures du soir, S. A. R. Monseigneur le duc d'Angoulême y arriva, accompagné de M. le marquis de Larochejaquelein, de M. le comte Etienne de Damas-Crux, M. le duc de Guiche, M. le marquis de Labarthe, etc., etc. Nous escortâmes S. A. R., qui s'arrêta dans une maison, près la chapelle du Bequet, pour y changer d'habit et prendre son cordon bleu; nous avançâmes en ordre jusqu'à la jonction des deux chemins, où trois heures avant lord Béresford avait été accueilli, et où M. le comte Lynch attendait S. A. R. Dès que M. le maire aperçut ce bon prince, il se prosterna, pour ainsi dire, à ses pieds, ainsi que toute la population qui environnait S. A. R., et lui adressa un discours respectueux, mais plein de sentiment. Il est impossible, mon bon ami, de vous dépeindre l'enthousiasme général. La plume la mieux exercée, l'écrivain le plus chaleureux et même le plus royaliste, sera toujours au-dessous du tableau que nous présentions. Tout le monde pleurait de joie : les femmes, les vieillards, les enfants mêmes, qui ne connaissaient que par tradition les vertus et les bontés des Bourbons, remerciaient à genoux le ciel de nous avoir rendu le petit-fils d'Henri IV. Non, jamais on ne verra un plus beau jour ; car, je vous le répète, la présence de S. A. R. était inattendue du public.

Nous parvînmes, avec beaucoup de peine, à la cathédrale, où le flux et le reflux des habitans enlevèrent le prince, dès qu'il eut mis pied à terre, et le portèrent sans danger et en un clin d'œil, jusqu'aux marches de l'autel, avec le respectable archevêque qui l'attendait à la porte de l'église. Malgré tant de monde qui se pressait avec ardeur autour de S. A. R., personne ne reçut aucune contusion. On n'entendait que des voix s'écrier, avec l'accent le plus fort et avec sentiment : *vive le Roi ! vive le duc d'Angoulême ! vive Madame ! vivent les Bourbons !* Lorsque S. A. R. se fut agenouillée sur les coussins qui lui étaient préparés, Monseigneur l'archevêque entonna le *Te Deum*. A l'issue de ce chant de bénédictions, nous escortâmes le prince à la mairie, et de là à son palais, où il ne descendit qu'à sept heures du soir. Je pris le commandement de la garde intérieure du palais, et je puis vous assurer qu'on n'entendit toute la nuit que des cris de joie, et ces cris si chers à nos cœurs : *vive le Roi ! vive le duc d'Angoulême ! vive Madame ! vivent les Bourbons !* A minuit, un incident me força à éveiller M. le comte de Damas-Crux, pour lui demander le changement du mot d'ordre, ce qu'il fit, malgré tout le besoin qu'il avait de goûter un sommeil non-interrompu, avec cette grâce et cette bonté qui s'étaient bannies de France depuis si long-temps avec ces loyaux chevaliers.

J'avais oublié de vous dire que le même jour où je quittai l'asile que m'avait donné le brave Badens, notre ami, mon fils, pour se soustraire à la conscription, fut se cacher chez cet ami, qui le garda chez lui. Il n'en sortait de temps en temps, le soir, que pour s'informer de ce qui se passait dans ma compagnie, dont il était le brigadier-fourrier. Il resta caché jusqu'au 10 mars 1814.

Je pense, mon ami, que ces détails, tout mal écrits qu'ils le sont, vous seront agréables par leur exactitude. Je vous autorise donc à en faire l'usage que vous voudrez.

Recevez, mon bon ami, l'assurance bien sincère de mon attachement pour vous.

Votre affectionné de cœur,
Le colonel ROGER,
chevalier de Saint-Louis.

PARIS, *le 6 novembre 1814.*

A Monsieur
Monsieur Rollac, hôtel des Négocians,
rue de Richelieu.

Mémoires
de Madame la Marquise de la Rochejaquelein,
écrits par elle-même

Rédigés par M. le Baron de BARANTE (à Bordeaux.,., 1815)

P. 504. — Mme de la Rochejaquelein rappelle que, à Bordeaux, les jeunes gens et le peuple étaient très bons c'est-à-dire royalistes « tous les émigrés qu'on y emprisonnoit avoient été délivrés par adresse ou à main armée ».

P. 504-505. — Elle rappelle que, à Bordeaux, les royalistes étaient formés, depuis 1797, « en compagnies armées, la plupart composées d'artisans qui n'ont jamais reçu aucune paie ».

P. 508. — Après les grands succès des Autrichiens et des Russes en Italie, à la fin du Directoire, Mr Papin, de Bordeaux, fut « nommé général pour le Roi, de tout le département; il s'occupa aussitôt à former la garde royale qui, depuis, n'a pas cessé d'exister (¹) ».

P. 508. — A Bordeaux, à la suite d'une collision avec les jacobins, pendant l'été de 1799, quarante royalistes sont emprisonnés. Nouvelles incarcérations de royalistes après Marengo.

P. 511-512. — « En 1808, l'enlèvement des princes d'Espagne excita une vive indignation à Bordeaux. M. Rollac organisa un plan avec MM. Pedesclaux, consul d'Espagne, Taffard de St-Germain, Roger et quelques

---

(¹) « M. Papin fut surtout secondé par M. M....., Roger, ... »

autres, pour enlever Ferdinand VII, et le conduire à la station anglaise. Ils envoyèrent M. Diaz, maître de langue espagnole à Bordeaux, pour l'en prévenir, et il vint à bout de s'introduire quelques instants dans sa chambre et de lui parler ; mais le Prince n'eût pas le temps de prendre confiance dans une personne inconnue. Ces messieurs attendirent en vain ses ordres et le projet manqua. »

P. 512. — « M. Rollac fit, peu de temps après, un complot pour livrer Pampelune aux Espagnols. »

Entrée des Anglais à Bordeaux : Pas question de Roger. Mais, le même jour :

P. 533-534. — « M. de la Rochejaquelein demanda sur le champ à Monseigneur le duc d'Angoulême, la permission de lever un corps de cavalerie. Le Prince, qui arrivoit dans un pays ruiné. . . . . ne pouvoit avoir des fonds pour former des corps soldés. Cette cavalerie se composa donc de volontaires équipés à leurs frais. M.M. Roger (¹), François de Gombault et de la Marthonie, obtinrent aussi la permission de former des compagnies ».

(¹) « Un des anciens chefs de la cavalerie royale, dès l'organisation ».

Essai sur l'Institut philanthropique

établi en 1796, dans les provinces méridionales de la France, par ordre et en vertu des pouvoirs de Sa Majesté Louis XVIII.

Par M. Dupont Constant
ancien visiteur de l'arrondissement de la Guienne
(Paris 1823)

———

L'Institut philanthropique était une Société de propagande et d'action royalistes déguisée. Les visiteurs en étaient des chefs, inspecteurs et commis-voyageurs.

Cet ouvrage n'est qu'un plaidoyer de l'auteur, en faveur de lui-même. Peu de personnes y sont nommées, et pas Roger. Je crois cependant utile de reproduire ici les passages suivants :

En 1799 :

P. 80. — « Par suite de ces évenements, je me hâtai..... de faire organiser à Bordeaux une compagnie de chasseurs royaux, ainsi que des corps d'élite ».

P. 33. — « L'armée de l'Institut était composé de deux corps de troupes très distincts, l'un appelé *troupes d'élite*, composé de déserteurs, de requis, de conscrits, de fugitifs, de proscrits et de tous les hommes de bonne volonté pris dans toutes les classes de la société, et surtout parmi les artisans et ouvriers. L'autre, appelé *troupes auxiliaires.....* »

P. 81-82. — « Dans le même temps nous enlevâmes de la prison de l'hôpital de Bordeaux, les armes à la main et malgré la résistance du détachement qui occupait ce poste, deux de nos braves qui allaient être condamnés à mort, l'un le sieur Mauri, comme émigré, l'autre le sieur Elitz à Garay (¹), comme prévenu d'embauchage.

» A d'autres époques des émigrés qu'on conduisait à la mort, furent délivrés sur les grandes routes, quoique conduits par des détachements de gendarmerie, avec lesquels les royalistes se sont mesurés plusieurs fois ».

(¹) Sans doute *Elisagaray*, nom assez répandu dans la région de Bayonne et Saint-Sébastien. (Édouard HARLÉ).

Histoire complète de Bordeaux

Par O'REILLY (1858, t. VI.)

P. 388. — « Bordeaux avait joui d'un certain calme pendant 1803 et 1804, mais on s'organisait en secret, et l'on formait de nouveaux plans avec de nouvelles espérances. Dans ce temps, MM. Forestier et de Cérés venaient d'arriver d'Angleterre avec des promesses de secours et des encouragements. M. de Cérés devait aller en Vendée pour se concerter avec Georges Cadoudal et ses amis; Roger était chargé de recevoir les poudres et de les renfermer dans des sacs de coutil, au milieu de balles de laine destinées pour la Vendée : il était un de ces braves dont le nom seul était un éloge; il était colonel et chevalier de Saint-Louis. Son enthousiasme royaliste était tellement connu, qu'il était sévèrement surveillé. Rollac partit pour Londres en 1810, afin de présenter un plan de soulèvement aux princes. . . . . »

P. 400. — Entrée des Anglais à Bordeaux le 12 mars 1814 : Les éclaireurs envoyés pour reconnaître rapportent que les Anglais arrivent. « Les éclaireurs rentrés en ville furent suivis immédiatement par un officier anglais, M. Vivian, accompagné de M. Roger, capitaine de la première Compagnie de la garde royale à cheval. . . . . »

P. 401. — Ensuite, diverses autorités de Bordeaux, allant vers les Anglais, sortent de l'Hotel de Ville « à travers des flots de dix à douze mille citoyens et au milieu des hommes dévoués que MM. Taffard (de St Germain) et Roger avaient échelonnés sur la voie publique, pour dévoiler, avec à-propos, le noble but de toutes ces démarches, proférer des cris royalistes. . . . . . »

P. 439-441. — A la suite de l'occupation de Bordeaux par les Anglais, les « volontaires bordelais du 12 mars » envoient une adresse à Louis XVIII. Elle lui est portée par onze personnes, dont « le colonel Roger ».

P. 600-602, Note XXI. — « Organisation de l'Institut royaliste (sous le nom d'Institut philanthropique), formé à Bordeaux en vertu de la lettre de son Altesse Royale Monsieur, adressée à Mme la marquise de Donissan, en 1796.

« . . . .

« Cavalerie. . . . .

« Roger, capitaine de la Compagnie des guides à cheval. . . . . . . »

Étrennes Royales Bordelaises

pour l'An de Délivrance 1814

P. 45-52. — « Journée du 12 mars. *Hœc Dies quam fecit Dominus.* »

P. 48. — « L'aurore de la journée du 12 mars luit enfin pour le bonheur et la gloire de la cité de Bordeaux. M. le Maire, informé de l'approche des Anglais, marche au-devant d'eux à la tête de MM. les Adjoints et sous l'escorte d'une garde royale sans uniforme, commandée par M. *Roger l'aîné.* Il rencontre M. le maréchal *Beresford* arrêté avec sa division à l'entrée de nos faubourgs. Là, M. le Maire informe sa Seigneurie, que les troupes de S.M.B. vont entrer dans une ville alliée et soumise au roi Louis XVIII; et pour en donner la preuve solennelle, il arbore sur le champ la cocarde blanche. . . . . . »

Étrennes Royales de la Ville de Bordeaux

pour l'An 1818

Longue Note sur la « Décoration du Brassard », instituée à l'occasion de la journée du 12 mars 1814, et liste des « Membres de l'Institution du Brassard », au nombre d'environ 1200, dont :

« Roger (J. B. A.) »
et « Roger fils ».

. . . . . . Afin de consacrer le souvenir de cette glorieuse époque, S. M. Louis XVIII a bien voulu donner son assentiment à l'institution de la décoration du Brassard, en faveur de tous ceux qui se sont signalés en cette occasion, soit en servant dans les compagnies royales organisées par M. Taffart de S. Germain, et dans les corps de volontaires royaux à cheval, soit par leurs écrits ou leur participation aux mesures qui ont préparé et assuré le triomphe de la cause royale.

Cette décoration a consisté, d'abord, en un Brassard blanc attaché au bras gauche et orné d'un écusson portant ces mots : BORDEAUX ; DOUZE MARS 1814.

. . . .

Toutefois, ce brassard ne pouvant être porté qu'avec le costume militaire, S. M. a daigné autoriser ceux qui en ont reçu le brevet, à le remplacer par une décoration suspendue à la boutonnière par un ruban vert liseré de blanc ([1]), en mémoire de celui que S. A. R. Madame, duchesse d'Angoulême, voulut bien envoyer dans le temps aux Bordelais.

Cette décoration consiste en un médaillon d'émail à rayon d'or, surmonté de la couronne royale ; ce médaillon est orné sur les deux faces du chiffre du Roi, sur un fond blanc, entouré d'une jarretière verte, portant ces mots : BORDEAUX, 12 MARS 1814.

([1]) « *Le vert est... un symbole d'espérance ; mêlé au blanc, il veut dire, d'après la signification que l'on donnait aux couleurs dans les anciens tournois,* Vertu et Jeunesse. »

RÉCITS

SUR DES ASCENDANTS

DE

MME EMMANUEL LEGRAND

ET DE

MME PAUL GLOTIN

RÉCITS SUR DES ASCENDANTS

DE

Mme Emmanuel LEGRAND

ET DE

Mme Paul GLOTIN

———

Les récits qui suivent concernent des ascendants de Mme Emmanuel Legrand et de Mme Paul Glotin, l'une tante et l'autre belle-sœur de ma femme. Ce sont des extraits d'une Notice que Mme Donnet, alors âgée de 76 ans, a rédigée en 1873 sur sa famille.

Mme Donnet est fille de Nancy Girard, qui figure dans ces récits, elle-même sœur d'Auguste Girard, grand-père de Mme Emmanuel Legrand.

J'ajoute que Mme Donnet est grand'mère de M. Caillaux, le célèbre ministre radical.

Françoise Marie Chandepie de Boiviers naquit au Bourg de St Aubin près d'Alençon le 16 Janvier 1746. Elle fut le troisième enfant issu du mariage de François Chandepie de Boiviers et de Marie de Lanoe : l'un et l'autre professant la religion réformée. Deux garçons nés, je crois lui avoir entendu dire, à quinze mois de distance l'un de l'autre, ayant précédé sa naissance, dont le dernier de deux à trois ans. . . . . . François Chandepie ajouta à son nom celui de Boiviers d'un petit fief faisant partie des terres qu'il possédait . . . . Les trois enfants croissaient ensemble sous les yeux de leurs parents, les deux jeunes s'aimant plus particulièrement, lorsqu'une triste circonstance vint apporter le trouble et le chagrin dans la famille : Une lettre de cachet fut lancée contre l'aîné des enfants ; on sait que c'était de cette manière odieuse que le gouvernement d'alors agissait à l'égard des protestants, leur enlevant leurs enfants, pour les enfermer dans des couvents, où l'on travaillait à leur faire abjurer la foi de leurs pères, qu'on leur apprenait à considérer comme *damnés.*

Malheureusement, Mr Chandepie ne fut pas averti à temps pour pouvoir soustraire son enfant à la visite des cavaliers de la Maréchaussée, espèce de Gendarmerie du temps, qui ne tardèrent pas à arriver munis de leurs pouvoirs. Un seul espoir lui restait : les Lettres de Cachet étaient personnelles et comme celle-ci concernait l'aîné, de plus petite taille que le jeune « s'ils se trompent, disait-il, et emmènent ce dernier, je les laisserai faire et, réclamant ensuite, je ferai annuler la Lettre de Cachet », ce à quoi l'autorité n'aurait pû se refuser. Mais le pauvre père, qui, pendant ce temps, eut pris ses précautions pour faire disparaître l'aîné, avait compté sans son hôte : Lorsque les deux enfants mis en présence, les cavaliers de la Maréchaussée demandèrent au père de leur désigner l'aîné, celui-ci leur répondit : « Prenez à votre connaissance » et ils allaient s'emparer, selon ses prévisions du plus jeune, quand l'amour propre de l'aîné se révoltant, perdit tout. L'enfant s'écria : « Mais c'est moi qui suis l'aîné ». Alors plus de résistance possible, il fallut livrer l'enfant et s'en séparer sans savoir quand il serait rendu à sa famille, sinon à l'époque de sa majorité, ce qui était de rigueur. A ce moment, la mère était au lit, atteinte de la petite vérole. La douleur de cette cruelle séparation et de tout ce qui allait s'en suivre, la crainte qu'il n'en arrivat de même pour les autres enfants, tout cela augmentant la fièvre, elle ne tarda pas à succomber et mourut peu de jours après.

Ce fut alors que le malheureux père, accomplissant le dernier sacrifice que la Providence semblait exiger de lui, se résigna à se séparer immédiatement de ses deux jeunes enfants et à les faire passer en pays étranger, les adressant à sa sœur habitant l'Ile de Jersey, où elle était allée chercher depuis plusieurs années, la faculté de pratiquer librement sa foi, comme tant d'autres de ses coréligionaires. Sans perdre de temps, il s'occupa donc de leur départ, se confiant à un serviteur fidèle, nommé Pierre, qu'il savait lui être d'autant plus dévoué que, lui aussi, professait la religion réformée. Il fut convenu qu'il partirait de nuit, emmenant les deux enfants dans des paniers, sur un cheval qu'il conduirait comme un marchand de marée, traversant les villes sans s'y arrêter et ne permettant aux enfants de sortir de leurs cachettes qu'en pleine campagne. Ce brave homme, afin qu'ils ne manquassent point à leur consigne, avait imaginé de leur dire en approchant des villes, de se tenir cois s'ils ne voulaient devenir la proie d'une méchante bête près de laquelle il leur fallait passer. Les deux enfants se renfonçaient alors au fond de leur panier. Mais lorsque le bruit, ou plutôt le mouvement, des villes venait à cesser, et qu'ils n'entendaient plus rien que celui des petites clochettes attachées aux paniers, signe distinctif alors des marchands de marée, ils se hasardaient à sortir leurs petites têtes, demandant à Pierre si « la bête » avait disparu, et lorsque le brave homme avait répondu affirmativement, ils reprenaient leur liberté. . . . . . Après deux jours de voyage, ils arrivèrent à Granville où ils furent immédiatement embarqués pour Jersey et remis aux mains de leur tante qui avait établi à St Hélier, ville principale de l'Ile, un petit commerce de mercerie. . . . . Son frère dut lui affirmer une pension pour fournir aux besoins de leur éducation, nourriture et entretien. . . . . .

Le jeune Chandepie fit ses premières études à St Hélier, mais possédant des facultés intellectuelles qui donnaient des espérances pour son avenir et ayant montré de bonne heure un penchant prononcé pour les études médicinales, il fut envoyé à Londres, afin de poursuivre cette carrière dans laquelle il réussit complètement, devenant plus tard le médecin le plus renommé de l'Ile de Jersey. . . . . Revenons à l'aîné des enfants Chandepie, que nous appelons pour le distinguer avec son frère du nom de *Boiviers*, qui fut toujours celui qu'il porta dans la famille en y ajoutant même la particule *de*.

De Boiviers, en quittant forcément son père et sa mère, fut dans un couvent, je ne peux dire de quelle congrégation, mais ce que j'ai entendu dire, c'est qu'il reçut une instruction dont sa haute intelligence sut profiter, car il acquit tous les degrés nécessaires pour terminer brillamment son éducation. . . . . . Pieux par nature, le jeune de Boiviers avait accepté la religion qui lui avait été enseignée depuis son entrée au Couvent à l'âge de 10 ans environ, et il était devenu Catholique fervent. Mais le désir de revoir son père et poursuivre les études de droit, pour lesquelles il montrait de l'aptitude et d'autres sciences enseignées dans les Collèges de Caen. . . . . lui firent désirer de quitter le Couvent, ce que les Pères regrettèrent, car il eût été pour eux un sujet d'avenir. Après avoir revu son père, plus zélé protestant que jamais, et quelques parents et amis d'enfance, ... il les retrouva à Caen, les uns poursuivant leur éducation ou étudiant une profession quelconque dans le commerce, seule voie ouverte alors au protestantisme.

Ces jeunes gens, qui avaient eu le bonheur de ne pas quitter leurs parents, étaient tous restés attachés fermement à la religion de leurs pères, lisant la Bible en famille, professant journellement leur culte, se moquaient ouvertement du jeune de Boiviers qui, ayant rapporté du Couvent les pratiques Catholiques, s'enfermait dans sa chambre pour y dire la messe, ce qu'ayant découvert, ils allaient le berniquer par le trou de la serrure. . . . . . Mais ce qui devint plus sérieux pour le jeune de Boiviers fut les réunions de famille, où il se trouva entraîné par ses camarades. On y lisait la Bible, on s'entretenait des Ecritures, et enfin de tout ce qu'il n'était pas permis de faire au Couvent. Se trouvant alors à même de comparer les deux manières de les entendre et de les expliquer, il revint bientôt à la foi de ses pères et de dévot Catholique redevint si zélé protestant que c'était lui qui se chargeait généralement dans les réunions de ses coréligionaires de remplacer le Pasteur, lorsque celui-ci se trouvait empêché de s'y rendre, les précautions à prendre en ce temps étant grandes, un Pasteur trouvé en fonction pouvant être envoyé aux galères — sans autre forme de procès.

. . . .

Mlle Chandepie revient de Jersey. Elle épouse Jacques-Pierre Girard, né à Caen le 26 septembre 1736, protestant, fils unique d'une veuve, Marie Fallet (¹). Cette veuve avait eu aussi une fille, qui mourut dans les conditions suivantes :

Marie Fallet, Veuve Girard, était une personne capable et énergique pouvant diriger et administrer la fortune de ses enfants . et tout allait bien de ce côté, lorsque la pauvre femme fut frappée de nouveau de la même manière que les Chandepie l'avaient été : sa fille lui fut enlevée et enfermée dans un couvent de Caen appelé : « Les Nouvelles catholiques ».

(¹) Françoise-Marie Chandepie de Boiviers (fille de Pierre Chandepie de Boiviers et de Françoise Le Vasnier) a épousé, en 1764, Simon-Jacques-Pierre Girard, fils de David Girard (né en 1673, mort en 1745) et de Marie-Madeleine Fallet, mariés en 1730. (H. Cheuvreux. *Souvenirs de Famille.*)

Elle était âgée d'environ 10 à 11 ans et d'une santé délicate. Quant au jeune Girard, il était fort bien portant et très grand pour son âge, ce qui le rendait encore plus difficile à faire disparaître. Cependant, la pauvre mère y parvint et, à l'aide de quelques amis, elle le conduisit à Paris dans une famille de coréligionnaires qu'elle savait lui être dévouée et où il fut élevé dans la profession d'orfèvre bijoutier. . . . . .

Tranquille pour le moment sur le sort de son fils, dont les persécuteurs avaient perdu la trace, elle revint à Caen où elle ne tarda pas à avoir la douleur de voir mourir sa fille, dont l'état maladif s'était promptement aggravé en se trouvant séparée de sa mère. Avertie qu'elle n'avait plus que peu de temps à vivre, la pauvre femme vint au Couvent et, comme l'enfant avait cessé de vivre, avant qu'elle eut le temps d'y arriver et que les religieuses voulurent l'empêcher d'approcher de la couche mortuaire, elle les repoussa et, arrachant les rideaux qui l'entouraient, elle se jeta en sanglotant sur le corps de son enfant, le serrant dans ses bras, et après avoir rejeté les insignes dont on l'avait entouré à ses derniers moments, elle sortit en maudissant les religieuses et en appelant à la Justice de Dieu ! Cette scène, comme on peut le penser, ne diminua pas la malveillance de celles-ci et de tous les fervents Catholiques du temps qui croyaient faire acte méritoire en poursuivant ou dénonçant les protestants qui cherchaient si naturellement à soustraire leurs enfants à cette odieuse tyrannie. Aussi fut-elle poursuivie et enfermée peu de temps après dans la prison de Caen, la menaçant de ne lui rendre la liberté que lorsqu'elle représenterait son fils. A cette occasion j'ai entendu dire à ma mère que, ne pouvant l'empêcher de là de régir ses biens, elle y communiquait avec ses fermiers et que l'on avait trouvé parmi des papiers de famille quelques baux signés de sa main et datés d'entre les portes de la prison !

.   .   .   .

Les époux Girard-Chandepie eurent plusieurs enfants, dont :

L'aîné, Girard, ingénieur des Ponts et Chaussées, fit partie de l'expédition d'Égypte, construisit le canal de l'Ourcq, etc.

Nancy, qui épousa David Donnet, orfèvre bijoutier, protestant.

Fanny, qui fut auprès de son oncle, le D\ Chandepie, à Jersey, et s'y maria.

Ces prénoms anglais avaient été choisis par la mère « très soucieuse de conserver les noms, traditions et coutumes de tout ce qui lui rappelait le pays où elle avait passé sa jeunesse ».

Sophie, qui épousa M. Saint-James et fut demeurer à Bourges.

Auguste, qui devint Commissaire de la marine à Rochefort, où il mourut en 1839, à 69 ans.

Cet Auguste Girard est grand-père de Mme Emmanuel Legrand et arrière grand-père de Mme Paul Glotin.

. . . .

Le ménage Girard-Chandepie va habiter à Verson, près de Caen.

J'ai oublié de dire que depuis quelques années, l'excellent Louis XVI, qui n'avait que l'idée de faire le bien, ayant rendu l'État-civil aux Protestants s'était attiré leurs bénédictions, et qu'ils lui étaient généralement dévoués. . . . .

Profondément attaché à la cause du malheureux Roi Louis XVI, M. de Boiviers éprouva une telle douleur de sa mort, qu'étant en ce moment sous l'influence d'une attaque de goutte, elle lui remonta à l'estomac et l'emporta en 48 heures ! Ce fut, comme on peut le penser, une grande douleur pour la famille de Verson, lorsque cette nouvelle y parvint. Nancy, surtout, ne pouvait s'en consoler... Elle aussi, qui portait l'amour de son Roi jusqu'à l'exaltation, portant sur sa chemise ces mots en lettres brodées « Vive le Roi ! », fut tellement frappée de ces deux événements, que peu de jours après, elle était atteinte d'une jaunisse. Au reste, à ces affreux moments, il y avait lieu de s'effrayer et de se désoler, car je lui ai entendu dire que chaque semaine, lorsque l'ami Dulongbois leur apportait les tristes nouvelles de la ville, on disait en se séparant : « à huit jours, si nous sommes en vie ».

Verson avait du reste en ce temps une réputation assez compromettante, des prêtres non assermentés s'y rendant de temps à autre pour y dire les offices, sachant être bien venus des paroissiens, auxquels se joignaient quelques personnes dévotes venant des environs et même de Caen. Un dimanche,

qu'une parente de l'ami Dulongbois était venue y entendre les
vêpres et que le Grand père et la Grand'mère [les époux
Girard-Chantepie] la reconduisaient à Baron par les prairies, on
annonça tout à coup dans le village que « La Nation » arrivait.
Ce qu'on appelait alors ainsi était un ramassis de toutes sortes,
gardes nationaux, populace armée, membres de clubs et
quelques autorités subalternes à leur tête. Cette bande
commença bien entendu, par visiter les maisons ayant quelque
apparence et celle du Grand père fut des premières. Il ne s'y
trouvait alors que Nancy, Sophie, une jeune servante et un
jeune parent âgé de 15 ans nommé Boullay, filleul de notre
Grand'mère, qui était venu passer avec la famille cette journée
du Dimanche. Nancy, qui possédait courage et fermeté, loin de
chercher à fuir, s'avança vers ceux de cette horde qui
semblaient la diriger et s'enquit de ce qu'ils demandaient.
« Nous cherchons, lui dirent-ils, le Curé et sachant que tu le
caches, nous voulons que tu nous le trouves. » — « Cherchez,
Messieurs, dit-elle, vous le pouvez » et elle leur ouvrit les
portes de la maison, sans paraître épouvantée des menaces
qu'elle entendait proférer autour d'elle, telles que celles-ci :
« Oui, nous savons que tu le caches et lui sers la messe ; mais
tremble, car si nous le trouvons, nous te ferons boire dans
son crâne. » — « Vous m'apprenez, dit-elle, une chose que
j'ignorais, c'est que les femmes pussent servir la messe. Du
reste comme protestante, j'ignore complètement comment
cela se pratique. » Ces quelques mots paraissant calmer ces
forcenés, elle en profita pour s'adresser à un des chefs portant
les insignes municipaux : « Citoyen, lui dit-elle, je ne t'ai pas
refusé la visite de la maison, mais en revanche, je te demande
d'y poser des sentinelles pour empêcher le pillage », ce qu'il
accorda et il en était temps, car une foule de mauvais drôles
avaient envahi la cave et le caveau, tirant le cidre au tonneau
dans leurs chapeaux ou bonnets et abattant d'un coup de
sabre le cou des bouteilles de vin qu'ils ne se donnaient pas
le temps de déboucher pour les boire. Le jeune Boullay ayant
ajouté aux réclamations de Nancy par l'exhibition d'une carte
de membre d'un Club dont il faisait partie, tout allait finir
lorsqu'il se présenta un incident qui aurait pu devenir funeste :
Sophie qui, au moment de l'arrivée de cette « Nation respectable », se promenait dans les bois du côté des prairies,
rentrait, et voyant cette populace remplir la cour, la traversa
en courant du côté de la maison et en s'écriant : « Oh les

scélérats ». Ses longs cheveux s'étant dénoués dans sa course, elle fut saisie par là par l'un d'eux qui le sabre levé allait sans doute lui faire un mauvais parti, si le « Municipal » ne fut intervenu et ne l'eut fait rentrer dans la maison, où elle tomba évanouie dans les bras de la bonne.

La maison était évacuée depuis une heure environ, lorsque le Grand'père et la Grand'mère rentrèrent, heureux d'en être quittes pour la perte d'une partie de leurs provisions et d'avoir, eux et les leurs, évité les insultes et mauvais traitements que cette bande infligea à quelques habitants du village trouvés aux environs de l'Eglise, coupant les cheveux de plusieurs femmes et les emmenant en ville liées sur des canons qu'ils avaient amenés comme pour faire un siège.

.   .   .   .

Mmes Emmanuel Legrand et Paul Glotin, tante et belle-sœur de ma femme, qui descendent de ces protestants, sont catholiques. C'est à cause d'un mariage mixte où les enfants ont suivi la religion de la mère, catholique.

NOTE

Il ne peut rentrer dans le cadre de mon « Livre » de renseigner, en détail, sur les Chandepie, les Fallet, les Girard et autres qui n'appartiennent pas, à proprement parler, à la famille, mais sont des ascendants d'alliés. J'ai été cependant consulter M. Weiss, le très compétent et complaisant bibliothécaire de la Société de l'Histoire du Protestantisme français, 54, rue des Saints-Pères, à Paris. Il est convaincu que des recherches persévérantes dans les livres et manuscrits de sa bibliothèque donneraient beaucoup à ce sujet, non seulement pour la France, mais aussi pour Jersey. Je me suis borné à parcourir, sous sa direction, les deux ouvrages suivants :

Essai sur l'Histoire de l'Église réformée de Caen, par Sophronyme Beaujour (Caen, 1877);

Et *Essai sur l'Histoire du protestantisme à Caen et en Basse-Normandie, de l'Édit de Nantes à la Révolution*, par J.-A. Galland (Thèse pour le Doctorat, Paris 1898).

J'y ai trouvé beaucoup sur les « Nouvelles Catholiques » de Caen, couvent où l'on renfermait surtout des enfants, garçons et filles, mais aussi des femmes de 25, de 45 ans, filles ou mariées, et, parfois, des hommes. Ces deux ouvrages m'ont donné, sur un *Fallet*, une lettre écrite, le 31 juillet 1748, par le Ministre à l'Intendant de Caen : « J'apprends que les enfants des religionnaires de Caen, le fils de Dumesnil Morin, la fille de Pierre Fallet, ont disparu la veille même de leur arrestation. . . . . . Un sieur Lecointe. . . . . Ces incidents me font de la peine parceque, le Roi voulant être obéi, ils conduisent à la nécessité de faire arrêter les pères des enfants disparus. Vous manderez donc, s'il vous plaît, les nommés Lecointe et Fallet à votre audience pour leur enjoindre, de la part du Roi, de représenter leurs enfants ».

Le premier ouvrage cite, parmi les personnes qui ont été enfermées, en 1748, dans les Nouvelles Catholiques : « Elisabeth-Françoise Fallet, 17 ans ».

Les « Souvenirs de Famille » de « Madame H. Cheuvreux », publiés, en 1898, à cinquante exemplaires seulement, donnent beaucoup de renseignements généalogiques sur les Girard, les Fallet et autres branches de cette famille; aussi, la biographie de Pierre-Simon Girard, ingénieur des Ponts et Chaussées, qui a pris part à l'expédition d'Égypte, a construit le canal de l'Ourcq, a été membre de l'Académie des Sciences. Pierre-Simon Girard était frère aîné d'Auguste Girard, grand-père de Mme Emmanuel Legrand.

Table des Matières

DE LA 3ᵐᵉ PARTIE

www.ingramcontent.com/pod-product-compliance
Ingram Content Group UK Ltd.
Pitfield, Milton Keynes, MK11 3LW, UK
UKHW021729090726
13657UKWH00002B/597